一个学年，180个工作日的完整计划

180天 教师自我照顾、自我管理的行动指南

180 Days of Self-Care for Busy Educators

[美] 蒂娜 · H.布格伦 Tina H. Boogren 著

中国青年出版社
CHINA YOUTH PRESS

图书在版编目（CIP）数据

180天教师自我照顾、自我管理的行动指南：一个学年，180个工作日的完整计划 /（美）蒂娜·H.布格伦著；刘白玉，孙明玉译. —北京：中国青年出版社，2023.4

书名原文：180 Days of Self-Care for Busy Educators

ISBN 978-7-5153-6943-3

Ⅰ.①1… Ⅱ.①蒂… ②刘… ③孙… Ⅲ.①教师－修养－指南 Ⅳ.①G451.6-62

中国国家版本馆CIP数据核字（2023）第046956号

180天教师自我照顾、自我管理的行动指南：
一个学年，180个工作日的完整计划

作　　者：［美］蒂娜·H. 布格伦
译　　者：刘白玉　孙明玉
责任编辑：肖妩嫔
美术编辑：杜雨萃
出　　版：中国青年出版社
发　　行：北京中青文文化传媒有限公司
电　　话：010-65511272/65516873
公司网址：www.cyb.com.cn
购书网址：zqwts.tmall.com
印　　刷：大厂回族自治县益利印刷有限公司
版　　次：2023年6月第1版
印　　次：2023年6月第1次印刷
开　　本：787 × 1092　　1/16
字　　数：128千字
印　　张：11
京权图字：01-2022-6045
书　　号：ISBN 978-7-5153-6943-3
定　　价：49.90元

Acknowledgments
致谢

此书献给我参与的“教师自我照顾小组”的所有成员，也献给各种“自我照顾俱乐部”，它们遍布世界各地的教室、客厅、咖啡馆和餐馆里（这对我来说是一些梦想成真的地方）。我感恩你们每一个人，为你们鼓掌加油！

我同时代表出版社谨以感谢以下教育工作者：

斯泰西·比曼

美国密苏里州，
费耶特市，L. J.戴利小学，
一年级教师

吉尔·马拉尔多

美国伊利诺伊州，
布法罗格罗夫市，
布法罗格罗夫高中，副校长

卡门·查韦斯

美国新墨西哥州，洛斯卢纳斯市，

圣丹斯小学，
四年级教师

唐娜·谢琳劳

美国得克萨斯州，泰勒市，
泰勒独立学区，
专业学习导师

玛丽亚·克鲁姆

美国新墨西哥州，洛斯卢纳斯市，
瓦伦西亚中学特殊教育和数学教师

目录 contents

Introduction

引　言

下定决心，照顾好你自己

你是什么情况我不清楚，但是我自己的情况一般是这样的：每当我浏览到一篇引人注目的文章，或者一项富有创新的研究，就会萌生一个新的想法——锻炼养生法、饮食计划、组织方法，或者购进一个新电器（例如，多功能电压力锅）——我会兴奋几个星期，然后，在所有希望和愿望破灭后，新的计划慢慢消失，我又恢复了原来的习惯，叹息改变生活的又一次失败。

也就是说，这就是曾经的我，典型的我。自从我通过专注于自我照顾、自我管理的方式，有意识地、有目的地改变生活以来，迄今已经三年。整整三年！认识到这一点后，我花了很长的时间思考：为什么这次不一样了，为什么这次没有回到原点，这次我是如何真正用富有意义的方式改变了我的生活。

有一点我可以肯定：自我照顾和追求更健康、更快乐、更充实的生活，是一项有意识的实践活动。这是一种日复一日的、深思熟虑的、用心良苦的实践活动。这种追求需要持之以恒，需要持续不断。这不是一件可以简单地核对一下清单，然后就一劳永逸的事情。这并非意味着在实现了一个小目标后就可以放松下来，还能在之后很长一段时间收获好处。这项实践比以上这些要困难得多（但是很值得）。该实践也不是基于商业目的或消费目的。一款新的应用、一颗有效的药丸、一个美好的假期或一杯醉人的葡萄酒都不能让你感到幸福（尽管这些东西的确能让你在短期内感觉良好）。我们必须做这项工作。每天都做。

这项工作包括3件事情：

1. 深刻、敏锐地洞悉自己的需求。

2. 每一天都进行自我检查。

3. 目标行为与个人需求相一致。

目标行为是针对个人的。仅仅因为某件事适合你的兄弟、你的朋友，或你隔壁的老师，但并不能保证也适合你。目标行为是个人问题——个人特征显著。

2018年，我写过一本书，名为《留点时间给自己：教育工作者的自我照顾行动计划》。书中，我概述了一个框架，教师可以运用该框架开始自我照顾之旅。这和我曾经开始自己的幸福之路的过程是一样的。现在，初步完成该工作之后，我决心坚持下去。坚持下去的方法之一是每一天都投入到工作中：我每天早上写日记，设定当天的目标，勾勒出对未来的愿景。

我也一直在跟进最新的研究，并且不断尝试从最新的研究中学到不同的方法。这本书就是这种不懈努力的成果。如果你读了《留点时间给自己：教育工作者的自我照顾行动计划》那本书，我希望《180天教师自我照顾、自我管理的行动指南》这本书，能够帮助你重新下定决心，继续走自己的路。

你可能对《留点时间给自己：教育工作者的自我照顾行动计划》中的某些主题有所了解，但是本书中的个人策略却是全新的。你可以把这些策略融合到你已经制订的计划中，视为对你幸福人生和美满人生具有巨大影响的自我照顾中的小行动。如果你还没有读过我以前的书，也没关系，你可以直接读读这本书，开始新的探索。无论你处于人生旅程的哪个阶段，我都很开心你开始阅读本书。

自从我开始有意识地关注自我照顾、自我管理，我学到了很多。我允许自己照顾好自我，只有如此，扮演教师、妻子、女儿、姐妹、姨母和朋友等多重角色的我才能真正地过上幸福美满的生活。作为一名中年女性，我从来没有像现在这样感觉如此美好。这是否意味着我的自我照顾实践和承诺都很完美？绝对不是。我仍然会有忘记喝水或睡眠不足的日子，有时我会怀念那些不用埋头玩手机的美好时光。但是我现在快乐的时光远远多于不快乐的时光。过去，我曾经努力做到先帮助别人，并信守自己的承诺；现在，我把照顾自己放在首位。我知道你在读这段话时可能会感觉不太舒服，但是请听我把话说完。

作为教师——或者同时作为父母、伴侣、朋友，或者子女、成年人——我们经常把别人的需要置于自己的需要之前。那么请改变这个习惯，尽管把自己放在首位，会让人觉得自私和不舒服。但是请相信我，我保证这是值得的。当我清楚需要什么、不需要什么、什么能让我感觉良好、什么不能让我感觉良好后，我会成为一名更好的教师、更好的妻子、更好的女儿、更好的姐妹、更好的姨母、更好的朋友。现在，我就有能力把最好的自己呈现给我服务的人和我深爱的人。你也可以做到；这正是我写这本书的动机。

为什么自我照顾对教师特别重要？

教育界同人们，我的目的是与你们分享我学到的东西。无论你是教师、行政人员、教练、辅助教学人员、学校辅导员、学校后勤人员、特殊教育工作者或任何其他教育工作者，我都坚决地倡导你去践行。我看到你为了周围的人（无论是学生、同事，还是社区民众）牺牲了自己的健康和快乐；我也看到，这有时会伤害到你。

我很幸运，我与不同的教育岗位的教育者一起工作过，几乎囊括美国的所有州和加拿大的许多省份。我在社交媒体上与澳大利亚和南非等国家的教育者互动。通过这些互动，我对自己有了更多的了解，而我也对你有所了解。我知道，我们彼此的相似之处多于不同之处。我知道你花了大量的时间备课、创建专业发展课程、批改学生论文、与家长沟通、参加活动、指导与募捐、评估、开会、开展专业学习社群活动，并且在一些学会、社团和活动中担任领导职务。为此，我钦佩你——但我也为你担心。我之所以担心你，是因为我知道，如果你继续把自己的需要和幸福排在待办事项清单的最后，你早晚会牺牲掉你其他的东西——家庭、健康，或者学生。我希望你过得更好。你也应该希望自己过得更好。

研究表明，93%的教师称自己有“很大的与工作相关的压力”。想想看：这意味着只有7%的教师没有感到压力。仅仅7%！这是多么地可怕！此外，许多学生入学时都因为创伤而有特殊需求；教师面临着经历继发性创伤应激（也称为同情疲劳）的非常现实的风险。继发性创伤应激有如下症状表现：孤立、抑郁、注意力不集中、攻击性、焦虑、失眠、过度饮酒以及食欲变化大。这不仅是我们教师需要关心的问题，而且对我们的学生来说，也是一个非常严重的问题。教师压力过大，学生就会有更多的行为问题，而且这些学生的总体成绩较低。作为教师，我们的目标是改变学生的生活——无论是学业，还是社会情感。如果我们连自己都照顾不好，就更无法做到这一点。

此外，当教师在工作中感到压力太大，或者无法完全投入时，学生也会感受到压力。研究证明：教师对学生参与度的影响最大。当至少有一位老师让学生对他们的未来感到兴奋时，或者当学生感到学校致力于让他们发挥各自的优势时，学生积极参与学校学习的可能性会提高到原来的30倍。要对学生产生积极影响，教师必须充满激情并积极参与其中。要想在工作中充满激情并全身心投入，教师就必须照顾好自己。研究表明，教师的个人幸福和职业幸福之间存在着很强的联系，由此推断，没有良好的个人发展就不可能有真正的职业发展。想一想，你希望自己的孩子有什么样的老师？你想让这些孩子有一个根本不会照顾自己的老师吗？还是想要一个休息良好、精力充沛、每天都充满激情的老师呢？

学校管理者的压力也很大。20%的校长报告说，他们感到不堪重负，而且校长报告的职业倦怠程度高于一般人群。他们比一般人更难有一个良好的睡眠，患抑郁症的风险也更高。学校和社区领导可以通过规范自己的健康行为、提出健康倡议、支持成立学校社区内的自我照顾小组，来帮助创建一种学校文化。作为开创性的领导者，你要定好基调，为教师示范，教师则必须为学生示范，这样才行得通。

你可以效仿本书。同时，也邀请你探索自己的习惯，并进行实践，这样就能感受到，把自己置于待办事项清单的最前列是什么感觉。希望你认真思考，首先照顾好自己，然后才能更好地照顾好学生、同事和家人。我想让你体验，做最好的自己是一种多么美好的感觉，并亲眼看到这种感觉如何使你成为更好的教师。诚邀你尝试一些新的策略、技巧、方法和观点，看看会有多么美好的真实感受。

这本书的架构是如何组织的?

因为大多数的美国学校都以9周为一学期，本书的架构也是这样组织的。因此，本书共分4章，每9周为一章。虽然本书是按照传统学年进行架构和撰写的，但是你可以在任何时候阅读第一周。如果需要，你可以根据所在学校的具体学年自行调整目录（因为地区、州或省不同，学校日历也不同）。我只把工作日的内容写在书里，这就给了你一些宽裕的时间，一些回旋的余地，可以利用周末赶上进度，或者在周末休息一下。

每周，都会根据最新的研究提出一个新的“自我照顾”系列活动的主题、反思和选项。一些星期可以选择适合自己的策略，一些星期则可以根据特定的主题，更合理地进行安排。而一些星期则比较灵活，可以选择一两个对你有吸引力的选项——在书上直接圈出或高亮标记出——并尝试5天。如果有其他与这周主题相关的想法，也可以在书的空白处写下自己的想法。这些反思会帮助你将计划付诸行动。当完成可行的日常任务时，就是在用一种对你行之有效的方式养成一种“自我照顾”的习惯。很少有一种策略适用于所有人，所以这种探索是一种更多地了解自己的过程。

在这个过程中，我将分享自己的一些经历，并在每周结束时提出一些反思性问题，帮助你思考什么是有效的，什么是无效的，以及为什么有效或者无效，以便激励你走向一种让你每天早上一醒来就倍感兴奋的生活。每个章节结尾，都有空白笔记页，这样你就有充足的空间直接在书中记录你的主要想法、启发、目标和反思。

如何更好地使用这本书？

你会注意到，我根据大多数教师在那几个月中的感受，给每一章都起了一个标题：充满活力，迎接挑战（第一个9周）；保持积极，完成任务（第二个9周）；调整节奏，回归平衡（第三个9周）；乱中有序，奋力冲刺（最后一个9周）。当新学年开始时，我们通常会发现自己需要做出许多牺牲，我们工作时间更长，并需要适应新学年的挑战。我们经常牺牲与家人或朋友在一起的时间，放弃锻炼和睡眠，试图完成与学校有关的一切任务。

在接下来的3个月里，我们通常会处于非常忙碌阶段。这时，正处在一学年中最具挑战性的9周。当我们精疲力竭，挣扎着维持正常工作时，学生的行为会令我们感到棘手，我们的情绪可能会左右我们的行为。在每年的这个时候，我们经常会生病；对我们中的许多人来说，天气开始变冷，白天的光照时间在减少。而一旦休完寒假返校，我们通常会进入平衡期，感觉对学校的任务能够更好地掌控，不太会因为力不从心而有窒息感。此时，我们感觉像是站在坚实的地面上，能够应付一切。之后，在学年的最后9周，我们的目标是奋力完成任务。此时，尽管我们要应对州考试、春乏症和学年结束带来的压力，但是我们可以看到隧道尽头的光亮，并决心以一种富有意义的方式结束这一学年。

如果你是在学年中期看到本书，那也很棒！你可以直接跳到与你当前感受相匹配的那一章，一直读到本书的结尾，然后在下一学年再从头开始，做你认为对的事情。

你可以一个人完成这项工作，也可以和一个同事或一群人合作，他们可以帮助你一起完成这项工作。这样的合作很受欢迎，因为“知道我们与他人随时保持沟通……让我们一直继续前行，即使事情变得艰难”。你自己最了解自己，所以要好好考虑一下，是自己独立完成这项任务更好，还是需要与别人交流和保持沟通更好。另外，请记住：你总是有选择权的。如果每周参加这些反思活动让你感到负担很重，那就给自己留出更多时间。关于是否做这件事，没有对错之分。如果错过了一个星期，完全没有问题。给自己一些宽限期，然后再在有条件的情况下尽快回归。

按照你认为合适的顺序阅读本书。你将逐步了解，一学年中的不同时间段是如何影响你的；你会学到一些策略、技巧和方法，帮助你渡过最艰难的时刻，帮助你沉浸和享受压力不大、感觉良好的时刻。

唯一可能导向失败的方法就是不去尝试。你现在拿到这本书，读到这句话，我知道你已经准备好让自己尝试一下。我就在你身边，在你整个的人生旅程中为你加油。我建议，在你开始旅程之前，先进行一下反思。

给自己点时间，好好考虑一下，你现在对“自我照顾”的满意程度。从1—10分，你给目前自己的做法打几分？为什么？

你想要做出什么改变？你想做这些改变的原因是什么？

目前，什么给你的生活带来了快乐？

在你的人生旅程中，谁能给予你支持？这个人（或这些人）能给你什么样的支持？

做这份工作，你最大的希望是什么？

你准备好了吗？深呼吸！让我们开始吧！

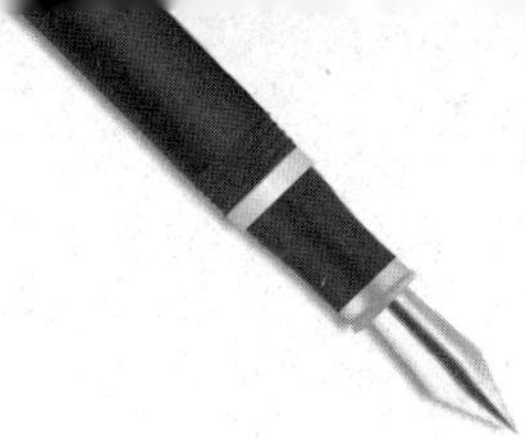

CHAPTER 1

第一章

充满活力，迎接挑战

阅读本书的开始，可能是个新学年的开始。如果是这样的话，祝你新学年快乐！在第一个9周，将有机会探索最基本的日常工作的需求，也探索帮助我们感到精力充沛和真正有活力的计划，因为这些将帮助我们在接下来的几周取得成功。无论你是一名教师、教学导师、管理人员、教辅人员或担任其他职位的人员，你都会感觉到，新学年的开始不仅意味着工作时间变长，而且工作压力也会变大。欢迎学生和教职员工、适应新的工作日程、与家长见面、营造学习环境，这些都需要花费大量的时间，而这些时间往往是以牺牲自己的家庭需要、个人需求和健康习惯为代价的。然而，这个学年将有所不同。这一次，你将充满活力地度过第一个9周，并会有新发现：你从未拥有这么充裕的时间！

第1周 音乐的魔力（第1—5天）

快！你最喜欢哪首歌？什么样的艺术家或流派能让你神魂颠倒（或者至少让你轻敲脚趾）？音乐是帮助我们迅速改变情绪的有力工具。研究表明，音乐“既可以减少焦虑、抑郁、血压升高和疼痛，又可以改善睡眠质量、情绪、记忆力，同时，还能增加一些认知功能、加强学习能力、提高注意力，并且能够防止大脑老化”。

我最终决定订阅流媒体音乐网站，并认为这笔钱花的很是值得，因为我每天都在使用这个网站。根据我自己的需要创建音乐播放列表：早上起床的音乐，平抚情绪的音乐，工作时保持专注的音乐，与教师在工作坊里使用的音乐，在锻炼时充满活力的音乐，提醒我特殊时间或事件的音乐（比如我的婚礼歌曲，那些与假期或关键节点相联系的音乐）。我喜欢在早上把音乐声开到最大；我喜欢在机场戴上耳机，从而使我远离周围的喧嚣，为自己营造一个舒缓的音乐环境。我非常感激音乐的伟大力量。

本周计划 让音乐的力量提升你的工作效率

- **周一：**创建一个舒缓心情音乐播放列表。使用手机音乐播放软件，或登录任何音乐网站。你可以创建一个5首或10首歌的播放列表，以保证一直有一个好心情。

• **周二、周三和周四：** 现在尽情欣赏。在一天中的不同时间，根据工作需要，按“播放”键，在心里静静体验音乐是否对你的情绪有影响。早上听和下午听音乐有什么不同？你渴望在晚上听不同的音乐吗？注意所有这些细节。你可以用心地正念聆听音乐，这与正念地饮食类似（见本书第35周）。要做到这点，就请闭上眼睛，把你的全部注意力放在你正在聆听的歌曲上。想象一下：一个有共鸣的人（和他人一起感受，比如听音乐时看到的颜色），在听到你的歌曲时，可能会看到什么，或者感受到什么。在空白处写下你对自身体验的感受。

• **周五：** 与同事、朋友或家人分享你的音乐播放列表（有点像曾经我们在某个年龄段给别人一盘磁带合辑）。或者，如果你是老师，在课堂上至少放一两首歌给学生听。但是，要试着把音乐融入到你的课程中，不管你教哪个年级或者哪门课程。你甚至可以考虑在早上或一天结束时，在组织的会议或聚集活动上给学生或者教职员工（或者二者皆有），播放几首歌曲。此外，作为新学年伊始相互了解的一种方式，也可以邀请学生与你，或全班一起，分享一首他们最喜欢的歌曲（适合校园播放的歌曲）。作为建立学校文化和社区文化的一种方式，教职员工可以一起做类似的事情。

如果你是一名学校的管理者，可以在课间、课前或者课后，通过学校广播系统播放歌曲。看看在上课开始或课间播放音乐是如何改变学校教学氛围的。如果学生要考试，也许可以播放一些鼓舞人心的音乐给他们打气，让他们在考试开始前做好思想准备。或者你可以将播放音乐作为给学生庆功的一种方式——无论是全班学生获得了成功，还是某个学生获得了成功。

研究发现，音乐几乎可以影响生活中所有方面的情绪和情感。无论涉及学校、工作还是家庭方面的问题，音乐都具有改变思想整体状态的能力。在过去的几天里，你已经体验了音乐播放列表的作用。那么，就把这些快乐散播出去吧！

本周思考

何时、如何将音乐纳入本周的日程安排？你做了哪些选项？为什么？

音乐的力量如何影响你这一周？

分享你的音乐播放列表，对你的生活（和你周围的人）有什么影响？

你是否打算继续把音乐作为你日常生活的一部分？为什么？如何做？

第2周　营养及补水（第6—10天）

我知道，要考虑所吃的食物对我们心情产生的影响，并不总是那么有趣。但问题的真相是，控制我们进食的东西会对我们的情绪和整体健康有巨大的影响。我已经在营养方面做了巨大的改变，而在这方面做出努力的最大回报——完全出乎意料的回报——是我的健康。通过吃健康的食物，我发现自己的情绪已经稳定（在一个良好的水平）。因为感觉身体健康，我的精力和耐力也处于最好的水平。

话虽如此，做我想做或需要做的选择并不总是那么容易。当然，总有某个时间和某个地点可以放纵一下，享受自制饼干或玉米片和鳄梨色拉酱（这些是我一直热衷的美食）。我只是尝试着在特殊场合或特殊情况下偶尔放纵一下，而不是经常如此。在日常生活中，保持血糖平衡非常重要。血糖平衡可以帮助你避免肾上腺疲劳、体重增加、睡眠障碍和心血管疾病。通过平衡血糖，可以避开我们对甜食的依赖所带来的能量峰值和可怕的机能崩溃。本周，选择一个选项，这个选项感觉像是一个挑战，但仍然可以企及。

本周计划　思考一下营养和幸福的关系。

- **不要不吃饭。**当你着急出门的时候，很容易错过早餐；或者当你试图在20分钟的午休时间里完成待办事项清单上的3件事的时候，很容易错过午餐。如果你选择了“不要不吃饭”这个选项，那就保证不要错过任何一顿饭。不吃饭会使身体消化吸收食物的能力降低，使你更有可能在下一餐吃得过饱。可以试着在前一天准备好三餐的半成品，或者在早上留出几分钟时间吃早餐，并自带午餐。

试着在不受干扰的情况下吃饭，这样你就可以品味一下、停下来感受进食带给你的满足感（而不是不吃饭或边跑边吃）。你会发现，当你在复印机前一边复印，一边往嘴里塞一块含有蛋白质的威化棒时，远远不如专心细细品味食物那么令人满足。

如果你和一个伙伴或一个团队一起工作，可以考虑分享食物。也许你的同事可以在周一和周二带午餐来分享，而你可以在周三、周四和周五带午餐来一同分享。如果你的学校有一个活跃的“家委会”，可以考虑请他们两个月举办一次教师答谢午餐会，重点强调健康食品的重要性。

• **写食物日记。**食物日记不需要很复杂，工作也不繁重。可以记录下你吃的、喝的每一样东西，记下你在吃或喝每样东西之前、期间和之后的感受。可以使用笔记本、笔记应用程序或后文表1.1（见本书第028页）中的模板来进行记录。

之后，可以思考营养来自哪里，吃的东西如何影响你的心情。例如，在写完日记后，你可能会注意到：你周二吃了一个百吉饼，一个小时后你就饿了；但你周三吃了鸡蛋，直到午餐时才感到饿。或者，你可能会发现：周二下午两点半你去吃甜食，当时感觉很好；但下午4点时，你就崩溃了（并对自己的选择感到内疚）。有了这样的认识之后，在周三，你可能会决定下午两点半时吃一个苹果和一些杏仁饼，看看自己在下午4点时，是否感觉不那么累（也不那么内疚）。你在周末和工作日的食物选择是否不同？这些选择会影响你的情绪吗？

• **喝足够的水。**你以前一定听过这句话。无论你现在喝多少水，都要把这个数字增加到每天至少2000毫升，而且作为任务来完成。一般来说，成年人每天应该喝8次水，每次250毫升左右（特殊情况除外）。因为水可以提高我们的能量水平，提升我们的大脑功能，并有助于预防和治疗头痛。当你带一个班的学生或领导教职员工时，你的头痛病简直就是一场噩梦！如果每天无法喝足够的水，可以考虑以下方法。

（1）给自己买一个新水杯，这个水杯让你感觉美好！水杯不需要很贵；选择一些吸引你的元素（譬如颜色），这样你就更愿意拿起水杯喝水。

（2）也许使用吸管时喝水更多。我自己就是这样。现在，许多水瓶的盖子都有内置吸管；你可以买适合洗碗机清洗的不锈钢吸管，这样就可以反复使用（这也有利于环保）。

（3）为了记录喝了多少水，可以在水杯顶部绑上一根橡皮筋，每喝完一杯水，在加水之前把橡皮筋移到水杯底部。例如，如果你有一个1000毫升的水杯，你可以在杯子顶部绑上两根橡皮筋（因为你需要喝两杯量的水才能喝够2000毫升的水）。如果你有一个500毫升的水瓶，你可以在顶部绑上4根橡皮筋。

（4）如果你（像我一样）特别钟爱水杯，并且已经有几个了，可以考虑每天在不同的时间段使用不同的水杯。例如，蓝色水杯在早上使用，透明水杯在下午使用，花色水杯在晚上使用。然后你就清楚，必须在上午11点半之前喝完蓝色水杯里的水，下午3点之前喝完透明水杯里的水，睡觉前喝完花色水杯里的水，差不多在晚上7点之后就不要再大量饮水，免得起夜上厕所。

（5）如果你不是特别喜欢白开水的味道，可以考虑在水里加入水果、蔬菜（比如黄瓜）或香草——甚至薰衣草。有一些特殊的水杯和水壶就有这样的功能，当然你也可以自己动手。

（6）使用某个应用程序来记录你每天喝了多少水。现在很多健康管理应用程序都有这个功能，随你的习惯就好。

表1.1　食物日记

		早餐	午餐	晚餐	零食
周一	食品和饮料				
	我感觉如何	饭前： 饭中： 饭后：	饭前： 饭中： 饭后：	饭前： 饭中： 饭后：	饭前： 饭中： 饭后：
周二	食品和饮料				
	我感觉如何	饭前： 饭中： 饭后：	饭前： 饭中： 饭后：	饭前： 饭中： 饭后：	饭前： 饭中： 饭后：
周三	食品和饮料				
	我感觉如何	饭前： 饭中： 饭后：	饭前： 饭中： 饭后：	饭前： 饭中： 饭后：	饭前： 饭中： 饭后：
周四	食品和饮料				
	我感觉如何	饭前： 饭中： 饭后：	饭前： 饭中： 饭后：	饭前： 饭中： 饭后：	饭前： 饭中： 饭后：

续表

		早餐	午餐	晚餐	零食
周五	**食品和饮料**				
	我感觉如何	饭前： 饭中： 饭后：	饭前： 饭中： 饭后：	饭前： 饭中： 饭后：	饭前： 饭中： 饭后：
周六	**食品和饮料**				
	我感觉如何	饭前： 饭中： 饭后：	饭前： 饭中： 饭后：	饭前： 饭中： 饭后：	饭前： 饭中： 饭后：
周日	**食品和饮料**				
	我感觉如何	饭前： 饭中： 饭后：	饭前： 饭中： 饭后：	饭前： 饭中： 饭后：	饭前： 饭中： 饭后：

本周思考

何时、如何把健康饮食和饮水习惯纳入本周的日程安排？你做了哪些选项？为什么？

你注意到本周心情有什么变化吗——无论大的或者小的变化？

了解自己的营养选择对你一周的工作和个人生活有什么帮助？

你是否打算继续把关注营养和水分补充作为日常生活的一部分？为什么？如何做？

第3周　充足的睡眠（第11—15天）

思考如下观点：“对大多数成年人来说，晚上睡7到8个小时，可能是我们能够做到的最重要的事情，这样能改善我们的身心健康。”这是埃里克·圣路易斯的观点，他是美国梅奥睡眠医学中心的联合主任。我不知道你的感受，但我的感受是：睡眠充足和睡眠不足的感觉完全不一样。当我睡眠充足时，可以让沮丧的情绪变得轻松一点，可以选择健康的食物，即使在下午3点可怕的低谷期我也感觉精力充沛，在别人面前能表现出最好的自己。相反，当我睡眠不足时（尤其是连续几个晚上睡眠不足时），我就会被小小的诱惑所吸引，发现自己整天都对碳水化合物和糖感兴趣，缺乏滋养身心健康的能量和活力，而且有点不喜欢与人相处。

在美国，大约三分之一的成年人没有获得必要的7到8个小时的睡眠。睡眠不足不仅仅是美国人的问题，而且是全世界的健康流行病。如果在那些既必要又美好的睡眠时刻却无法入睡，你就更容易生病，无法思考，容易忘事，体重增加，甚至更容易发生车祸和工作事故。我们不想这样，我们拒绝睡眠不足！

本周计划　每晚保证至少7个小时的睡眠。每天晚上！

- **周一：** 保持卧室安静、凉爽和光线昏暗。如果需要的话，可以使用耳塞，隔绝噪音。将空调调到24摄氏度左右，也可以使用风扇或低噪音设施，用窗帘（或百叶窗）尽可能地遮住光线。

• **周二：** 尝试吃宵夜。对一些人来说，睡前吃东西会导致消化不良，但对另一些人来说，优质的零食可以促进良好的夜间睡眠。睡前零食包括：牛奶或酸奶（如果你身体耐受乳制品）、一根香蕉、半个火鸡三明治，或一小碗全谷物低糖麦片。

• **周三：** 限制咖啡因的摄入。咖啡因会使人的中枢神经系统兴奋，直至摄入后的4—8个小时，甚至12个小时，由此可能导致睡眠问题。所以，在计划一天中喝掉最后一杯含咖啡因的饮料时，要与你预期的入睡时间相匹配。上午10点后，我就戒掉咖啡因了。

• **周四：** 睡前1—2个小时不要一直看明亮的屏幕。手机、平板电脑、电脑和电视发出的蓝光尤其会影响睡眠的质量。找一些不需要盯着屏幕的放松活动——读书、涂色、画画或洗个热水澡。听有声书、听有声播客、听烹饪教程，甚至唱歌也有助于睡眠。

• **周五：** 保证今天和明天在同一时间起床。虽然在周末补觉的诱惑很大，但事实是，当每天都在同一时间睡觉和起床时，有助于设置我们的生物钟，优化我们的睡眠质量。

本周思考

何时、如何把健康的睡眠习惯纳入本周的日程安排？你做了哪些选项？为什么？

在考虑了睡眠对日常生活的影响（包括对你的精力、情绪和营养的影响）后，你注意到本周使用睡眠选项有任何微妙或重大的变化了吗？（例如，当你疲惫时，你会去吃不同的食物吗？当你睡眠充足时，你的情绪会更稳定吗？）

你是如何通过调整睡眠习惯辅助改善本周生活与工作的？

你是否打算继续把充足和高质量的睡眠作为日常生活的一部分？为什么？如何做？

第4周 放松地笑（第16—20天）

笑是最好的良药，不是吗？研究者兼作家布伦·布朗是这样说的："欢笑、歌曲和舞蹈创造了情感和精神的纽带；当我们寻求安慰、进行庆祝、获得灵感或者需要治愈时，这一事实提醒着我们：有很多人与我们有相同的感受。"越来越多的研究表明，笑是最好的良药。笑有一些短期益处：包括刺激我们的心脏、肺和肌肉；释放让人感觉良好的内啡肽；放松，以减少紧张和压力。笑也有长期益处：包括改善免疫系统，减轻疼痛，提高个体满意度，改善情绪等。

除了这些健康益处，想想你最后一次开怀大笑时的感觉。我猜，笑的感觉一定超级美好。笑就像心情从阴转晴的助推器，我爱笑！事实上，即使在压力很大的情况下，我也会努力寻找幽默点。（我的手提箱轮子掉了？好好笑！早上散步时绊倒了？很有趣！我不感到沮丧和恼怒，而是选择大笑。）

本周计划 大笑，咯咯笑，狂笑

- **看有趣的视频：** 试试一些关于视频播放的应用程序或者网站，看一些情景喜剧、搞笑视频或者有趣的综艺节目。每个人都有自己的喜好，但如果你想寻找新的想法，试着在网上搜索有趣的播客或有趣的视频。

• **花时间和动物在一起：** 养宠物最大的好处之一就是看它们做一些有趣的事情！我养了一只小狗，每当散步时小狗在草地上打滚；或者正在看电视时门铃响起，小狗跑到前门狂吠，我都会咯咯地笑。尽情享受动物这些滑稽的动作，并尽情享受爱抚动物的感受，后者甚至可以降低血压和提高免疫力。

• **做个小傻瓜：** 在教室里跳来跳去；单脚跳也可以；翻个跟头或侧手翻；从山坡上滚下来；跳一支傻乎乎的舞……如果你够勇敢，可以在公共场合这么做；如果你没有这个勇气，就拉上窗帘，锁上门，自己在屋里做！

• **放声歌唱：** 大声歌唱！从第一周的播放列表中选出一首歌，跟着唱！我喜欢在车里唱歌（这是个好方法，别人听不见我的歌声），因为唱一首我自己喜欢的歌总是有助于提振我的情绪。有研究表明，唱歌实际上可以称为天然的抗抑郁药。

• **创建一个线上趣味展板：** 用展板展示你在网上找到的所有有趣的东西。这样可能会鼓励你经常留意那些让你开心一笑的信息。让你的学生花一周的时间寻找和收集有趣的东西，并与全班同学分享。在一周结束的时候，彼此挑战，开心大笑。不要只是在展板上增加有趣的事，当需要鼓舞的时候，可以回头看看你贴在网上的趣事。

• **列个清单：** 记录下你的学生说过的有趣的事情。（有个老师告诉我，在她班上，她需要说无数遍："请不要再舔桌子了。"每当想起这个故事，我仍然会咯咯笑。）写下你读到的有趣的箴言。在课堂或学校里使用这些箴言。给学生布置作业，让他们分享自己说过的或经历的能够让同学开怀大笑的引言或轶事。研究证实，用幽默来应对困难，可以让我们更有可能变得积极向上。在教职员工大会或专业学习社群活动上，请人们分享他们听闻学生说过或做过的最有趣的事情。

- **学习和分享：** 学习一个新的笑话并和同事分享。让同事和你分享笑话，或者建议开一个教师会议，让每个参与者分享一个有趣的笑话。讲笑话可以增加我们的归属感，这对建立积极的学校文化是必不可少的。

本周思考

何时、如何把笑纳入本周的日程安排？你做了哪些选项？为什么？

你最喜欢的选项是什么？为什么？哪些选项不适合你，为什么？

专注于笑是如何帮助你改善这一周的工作和个人生活的？

你是否打算继续把笑作为日常生活中的一部分？为什么？如何做？

第5周 放下电子设备（第21—25天）

我们热爱电子设备，也痛恨电子设备。它可以是礼物，也可以是负担。社交媒体让我们与他人保持联系，分享想法，并暂时逃避现实。根据研究，美国人平均每天花在手机上的时间为2小时51分钟。世界卫生组织每年都会就这一话题举行会议，并警告说，技术成瘾“已经到了成为重大公共卫生问题的程度”。事实上，我们大多数人都很难忍住不看手机超过10分钟。呵！看手机会降低专注力、解决问题的能力、创造力、注意力、睡眠质量、信任他人和共情的能力。请把此句再读一遍。这是多么可怕的事实。

好好想一想，不停地划屏是如何影响幸福感的。心理学家米哈利·特米哈依曾经说：“我们人生的最佳时刻不是在被动的、接纳的、放松的时候，而是通常发生在一个人的身体或思想在自愿努力完成既有困难又有价值的事情时达到极限的时候。”我曾经逼迫自己工作，以便减少在手机划屏上浪费的时间。后来我参加了40乘40的挑战，才意识到自己对这个事情有多么上瘾。在这个挑战中，连续40天，每天40分钟，我承诺关闭笔记本电脑、关掉电视、在空闲时间把智能手机收起来。（当然是在我没有其他工作的时候；电子设备是我工作的重要组成部分，可能也是你工作的一部分。）对我来说，前10分钟还可以，但在10分钟过后，就像研究预测的一样，我会下意识地去拿自己的手机。不过，一旦克服了该障碍，我会不知不觉地沉浸在一部小说里，或者写作中，又或者忙于做一些其他有益的活动，时间往往超过40分钟——这一切都让我充满感激。

本周计划 放下电子设备一会儿

- **周一：** 记下你今天看手机（或任何经常使用的电子设备，如平板电脑、iPad和电视）的次数；有些手机可以追踪看屏时间，请在“设置”下查看选项。有些应用软件也可以跟踪每个应用程序的使用情况。如果不想用科技来追踪电子设备的使用情况，那么也可以使用便利贴，在上面进行计数。

  你对查看手机的次数有什么感觉？为了进一步观察对电子设备的使用情况，你可以注意一下每次接触电子设备的间隔时间。

- **周二和周三：** 在一天中有目的地选择连续15分钟完全不使用电子设备（当然上课的时间除外，因为我知道在这段时间里要全身心地投入到教学中）。可以尝试选择一个经常使用电子设备的时间段，在这个时间段里关机，完全体验一下不使用任何的电子设备。另外，当你划屏划到手指开始感到抽搐时，请做好记录。

- **周四和周五：** 过去两天你只坚持了15分钟。这两天你能坚持30分钟（或更多时间）吗？迫使自己看看你能坚持多久，并留意一下这样做给你带来的感觉。

本周思考

何时、如何把放下电子设备纳入本周的日程安排？你做了哪些选项？为什么？

放下电子设备15分钟是什么感觉？这段时间你做了什么？

放下电子设备30分钟是什么感觉？这段时间你做了什么？

你是否打算继续把放下电子设备作为日常生活中的一部分？为什么？如何做？试着过一个无电子设备的星期二怎么样？可以上网看看别人的做法，了解更多选项。

第6周　利他善举（第26—30天）

在一次出公差的旅行中，一切都不顺利，我含着泪走向航空公司柜台。登机口的工作人员真诚地看着我，温柔地说："我来帮你。"这句简单、友善的话语立刻温暖了我。我终于可以喘口气，并且愉快地获得他人的帮助。善待他人，或帮助他人，实际上可以减轻双方压力，促进个体心理健康。

在日常生活中，我有意识地试着做一些善事，就像这位登机口工作人员为我所做的那样。为别人做一些事情，让我不仅感觉心情好多了，而且确信对周围的人也有有益的影响。最近这段时间，无论我在机场或在杂货店或为教师们举办研讨会，我都承诺至少做五件小的善事。例如，在机场，我总是在寻找帮助他人的机会。当一位母亲带着小孩通过安检时，我会帮她提行李。排队时，我会让着急赶飞机的人排到我前面。对每一个与我眼神接触的人、给我扶门的人，我保证向他们微笑，并表示感谢。所有这些小动作加起来，使我的旅行体验完全不同于以往的旅行经历。以前，我只是旅行，而且常常被旅行中令人沮丧的事情激怒。自从确立了利他目标后，我发现快乐的日子比沮丧的日子多多了，我一直关注着世界上美好的一面，而不是丑陋的一面。

本周，你可以选择一个利他的善事，并且每天践行，或者与其他事情一起做——这是你个人的决定。如果你真的感觉利他行为有益，当然可以不止于一件——事实上，越多越好！

本周计划　承诺每天做一件利他善事

- **替他人打扫卫生：** 收拾垃圾。帮邻居打扫院子。在一次活动后，帮助同事清理他或她的教室。
- **沟通：** 给学生的父母打电话，告诉他们孩子积极的一面。主动与同事联系——尤其是初入职场的教师。用非语言的方式进行沟通；对遇到的每个人，都保持眼神接触，保持微笑。
- **分享积极的一面：** 在校园的某处贴一张传播积极向上能量的便利贴。（我喜欢在镜子上留言，该方法在教师休息室和学生休息室都适用。）为他人树立积极向上的榜样。做一个受人尊重的司机，时时给他人让路，无论是在开车或是停车时；同时，当遇到野蛮驾驶的司机或驾驶技术欠佳的司机时，不要寻求报复。
- **尽你所能帮助他人：** 给你的同事或学生送一本好书或一篇好文章。（如果你看到一篇关于某个乐队或某个话题的文章，你知道他或她会感兴趣，就把这篇文章分享给他们，这样有助于增进你们的关系。）给别人让座。真诚地赞美陌生人或者学生。
- **报答他人：** 请别人喝咖啡。把零钱放进捐款箱里。慷慨地给小费。请同事吃饭。

本周思考

何时、如何把利他善举纳入本周的日程安排？你做了哪些选项？为什么？

你最喜欢的利他善举是什么？为什么？

别人对你的善举有什么反应？

你是否打算继续把利他善举作为日常生活中的一部分？为什么？如何做？

第7周 胶囊衣橱（第31—35天）

史蒂夫·乔布斯、阿尔伯特·爱因斯坦、巴拉克·奥巴马和马克·扎克伯格都有一些共同之处（尽管他们的大名听起来如雷贯耳，但是在着装方面却很低调，玛蒂尔达·卡尔和凯利·库特隆也是如此）：他们都选择穿“标准工作服”来避免决策疲劳，展现自身形象，并因此活出真实舒适的自我。决策疲劳是一个术语，指的是我们在自我控制方面的精力是有限的，一个人如果一天做太多决策的话，意志力和精力都会下降。

我喜欢“标准工作服”这个方法。我赞同，并且已经接受，目前正在尝试“胶囊衣橱”，也称极简主义衣橱这一形式。我会根据天气变化的情况，把一些很经典的衣服添置到衣柜中。从2009年起，我开始喜欢黑、白、灰色这些经典色的衣服，遵循“6个月不穿的衣服就扔掉”的原则，努力减少衣柜里的衣服数量。通过减少衣柜里的衣服以及衣柜里只放与其他衣服搭配好的衣服，我发现早上紧张的生活明显变得轻松了，对挑选衣服和着装的焦虑明显减少了，出差旅行和出去度假准备行李也不那么困难了。我为自己节省了时间、空间和金钱，这些都是实现“自我照顾”目标的必要条件。

在接受这个观点之前，考虑一下你需要的穿戴，以及如何做出这个决定。你早上花很长时间挑选上班穿的衣服，你愿意花这么多的时间吗？穿衣打扮时你感到压力很大吗？在最终决定穿哪件衣服之前，你是否会试穿很多件衣服？整理衣服时感觉舒服吗？

本周计划　体验一下穿着“标准工作服”的理念

- **再穿一次：**一旦某件衣服穿上后感觉还不错，那么请于本周晚些时候再穿一次。这让你有什么感觉？有人注意到了吗？
- **精减衣柜：**花30分钟清理衣橱。你可能需要在几天内进行多次的30分钟训练才能达到这个标准。扔掉那些不合身、不舒适或者6个月没穿过的衣服。你可以将这些衣服捐赠出去；和你的朋友、家人或同事交换衣服；或者把它们送到寄售店卖掉。如果你上班穿的衣服感觉不舒服或不合身，回到家后立即处理掉（赠送、交换或出售），而不是保留。
- **获得灵感：**关注别人的穿着，为自己的衣柜获得灵感。你喜欢什么颜色和款式？他人的穿衣偏好和你目前的偏好相一致吗？当你穿着某件衣服自我感觉不错时，也请记录下来。

本周思考

何时、如何将选衣和穿衣的简化过程纳入本周的日程安排？你选择了哪些选项？为什么？

完成工作下班时，你认为今天的衣着对你有帮助吗？你整理衣服时感觉舒服吗？或者是整个上班期间，你根本没有注意到衣服这个因素？

哪个选项对你来说是最好的？

你认为精减衣柜会对你的生活产生影响吗？你是否打算继续把精减衣柜作为日常生活的一部分？为什么？如何做？

第8周　合理利用时间（第36—40天）

从前有很长一段时间，我相信，如果我能多赚一些钱，或者有一辆更好的车，或者有一个更大的房子，就会感到更快乐。于是，决定再当一个赛季的教练，再办一个课外班，再担任一个委员会委员，这样我就能赚更多的钱，拥有更好的东西，也会更快乐。结果发现，拼命赚钱并没有让我更快乐。事实上，我可以用一种简易的方式来代替整日的忙忙碌碌，并能增加幸福感——让充裕的时间融入到生活中。

根据研究人员阿什利·V.威兰斯、亚伦·C.魏德曼和伊丽莎白·W.邓恩的研究，我们幸福的关键是珍惜时间胜过珍惜金钱。事实上，威兰斯等人发现，优先考虑时间而不是金钱的人花在工作上的时间较少，从事愉悦活动的时间更多。换句话说，我们应该考虑把节奏放慢，品味我们所拥有的时光，即使这可能意味着我们所拥有的金钱和物质会更少。此外，“工作时间（虽然富有成效）并不会转化为更大的幸福感。但是，花时间与所爱的人在一起可以获得更大的幸福感，而且把注意力转移到时间上被证明是促进这种社会关系的有效方法”。

当发现这个研究成果后，我开始在决策中做出一些微妙的改变，选择时间充裕而不是财务充裕。这个选择给我带来了益处！通过选择保洁公司每两周来打扫一次家，我和丈夫有了更多的时间在一起。我们没有像以前一样把整个周六下午都花在打扫卫生上，而是一起做我们俩都喜欢的事情。在旅行间隙，我不再答应参加所有的研讨会，而是留出充足的时间和家人在一起。从长远来看，虽然我挣的钱可能会减少，但是我的幸福感却增加了。

本周计划　不要把所有可用的时间都排满，给你所爱的人和喜欢的事留点时间（包括你自己）。

- **给自己留出时间：**早上给自己预留10分钟，这样你就不会感到做什么都匆匆忙忙的。不要按那个小睡按钮，而是起来享受这9分钟的时光，把这作为每天早上例行活动的一部分。
- **安排好时间：**安排一段时间（我建议在30分钟—1小时之间）去做一些能给你带来快乐的事情。可以是任何让你快乐的事情：阅读、散步、园艺或烹饪。这段时间可以安排在午休、早上、晚上，或者如果你觉得更可行的话，也可以安排在周末。
- **节省时间：**如果乘坐公共交通工具去学校上班，那就用这段时间给别人打个电话、读一本小说，或者只是做个白日梦，而不是批改学生作业、修改最新的单元章节或准备员工会议。如果开车去学校，把这段时间当作奢侈时光，听听新歌、听听收音机、听听有声播客，或者听一听有声读物。亦或什么都不做，什么都不听。
- **午餐时间：**吃午餐时不要给父母打电话，也不要赶着给学生批改卷子，否则可能会让你花费在午餐上的时间比平时更长。请参考专注饮食的方法（见本书第35周），进一步了解该选项。

- **全身心陪伴：**当你和家人或朋友在一起时，尽可能多地全身心地陪伴他们，而不是一边陪伴一边工作。把手机收起来是个好主意。我知道，每一次互动都这么做是不可能的，但是全身心的陪伴可以让我们与所爱的人在一起的时间更加难忘、更加特别。

- **检查时间规划：**看看日历，想想什么是重要的事情，什么是不重要的。你能取消或推迟一些不重要的事情吗？利用这些额外的时间去做你喜欢的事情。同时，承诺这周每天在一个特定的时间结束工作。（请不要选择晚上8点作为结束工作的时间。）

- **利用排队时间：**珍惜时间的另一个方法就是有效地利用排队时间。时刻准备一本书、填字游戏、播客或文章，以应对那些不可避免的排队或在等候室等待的时间。我发现，当阅读一些东西而不是上网时，等待时的感觉就好多了。

本周思考

何时、如何将合理利用时间纳入本周的日程安排？你选择了哪些选项？为什么？

你喜欢哪个选项？为什么？你不喜欢哪个选项？为什么？

专注于合理利用时间如何帮助你改善本周的工作和生活？

你是否打算继续把合理利用时间作为日常生活中的一部分？为什么？如何做？

第9周　正念放松（第41—45天）

你可能听说过，甚至尝试过“正念”。乔恩·卡巴金是马萨诸塞大学医学院减压诊所的创始人，也是医学、卫生保健和社会正念中心的创始人。他将正念定义为“有目的的、有意识的，关注、觉察当下的一切，而对当下的一切又都不作任何判断，只是单纯地觉察它、注意它……正念是要知道自己在想什么”。对我来说，正念是我曾经尝试过一段时间，然后就放弃了的一项活动。其后，我了解了关于正念带来的惊人益处的很多研究——增强自尊水平、提升自控力和免疫力。正念还能减少压力和抑郁。所以，我又试了一次。然后，我放弃了。再一次放弃。

事实上，我花了好几年时间才养成这个习惯。今天，正念已经成为我的日常生活的一部分，在我的生活中以各种形式出现。在家的时候，我喜欢以正念的方式在清晨出去散步遛狗。我把耳机放在家里，把手机放在口袋里（随身携带，只为在紧急情况下使用）。我把注意力集中在脚着地时的感觉和声音，以及呼吸时的吸气和吐气。正念法让我感到踏实和专注，当我回到家的时候，我就能把一整天的工作处理好。当我出差去参加职业发展研讨会时，每天清晨都会在酒店的房间里冥想5—10分钟。此外，在一天中的不同时段，无论是在家里还是在路上，我都会停下来做3次深呼吸，这有助于减缓心跳过快，帮助稳定血压，并让我时刻专注于当下，关注需要做什么来照顾好当下的自己。

作为教育工作者，我们的日常生活既忙碌又充满变数。我们很容易感到不知所措和情绪失控。研究表明，大多数教育工作者不时地会有这种感觉。正念是一种对抗这种感觉的有效方法，让你保持平静、专注和充满能量。

看一下以下几个选项，选择一个本周你想多次尝试甚至每天都想尝试的选项。如果你以前已经选择了本周清单上的某一个正念选项，那就挑战一下自己，尝试一个新的选项，或者作为你常规练习的补充，或者至少在这一周代替旧的选项。还有一个方法，每天尝试不同的选项，这样就能知道什么是最适合你，而什么是不适合你的。

本周计划　至少尝试一个（新的）正念方法

- **正念步行：** 正念训练师和正念学校高级项目开发员奥伦·杰·索弗提出了正念步行的8个步骤。

  （1）选择一个尽可能安静、不受干扰的地方进行练习。选择一条能让你至少走10步的平坦小路。如果你住在城市里，不要担心，利用现有的地方完成练习任务就行。

  （2）站在小路的一端，留意身体的感觉。试着放松，就那么站着：尝试这么做，你会感到这是多么的自然和轻松。

  （3）现在开始走路。你迈出的步伐以舒适为标准，甚至可以比平时慢一点。走路的速度让你感觉到脚和腿在动就行。

（4）走路时，注意脚部迈步变化的感觉。是否感到沉重、感到有压力、感到在走动甚至感到有温度的变化——注意所有这些感觉。每走一步，体验脚与地面接触的感觉。

（5）尽量不要东张西望。这有助于让你专注于自己的内心。当思绪开始走神时，注意动作和力量发生的变化，然后迅速把注意力聚焦回走路的感觉上。每次思绪游离到其他别的地方时，请重复以上步骤。

（6）当你走到小路的尽头时，请停下来，站着别动。先别回头。当身体静止不动时，感受一下休息的感觉。留意这种感觉和走路有什么不同。

（7）当你准备转身时，也要留意那种感觉。转身后，站立片刻，再向另一个方向走。

（8）尝试10—15分钟。

• **引导冥想：** 我发现引导冥想比安静地坐着更容易。可以利用一些专注健康的应用程序来帮你实现。考虑一下，计划在一天中的什么时间尝试引导冥想。对一些人（譬如我）来说，感觉早晨像是为即将到来的一天做好准备的必要时间。对其他人来说，在白天的某个休息时间（也许是午餐时间，也许是计划好的某个时间）可能有助于重新集中注意力。对另一些人来说，晚间冥想是一种很放松的方式，可以用来在睡觉前结束一天的工作。

你也可以指导学生，按照如下的5个步骤进行四分钟的引导冥想。

（1）把手背放在膝盖上。

（2）闭上眼睛，把注意力集中在眉目之间。

（3）深呼吸：用力吸气，然后呼气。

（4）当你有了某个想法时，花一点儿时间思考这个想法。然后放松，忘记这个想法。

（5）呼吸，放松；呼吸，放松……直到老师让你睁开眼睛。

• **深呼吸：** 设置闹钟或提醒，每天至少3次，停下来做几次正念呼吸。可以考虑在早上、下午和晚上各做一次。这项活动可以和学生一起做。你甚至可以邀请教职员工在召开职业发展研讨会或教职员工会议前做一下深呼吸，这样每个人都能开始感受当下的现场。

进行深呼吸，试着遵循专业人士建议的4个步骤。

（1）用鼻子慢慢吸气，送入下腹部（持续大约4秒钟）。做这个动作时，你会感觉到你的胃在膨胀。（我喜欢把手放在肚子上，这样就能感觉到肚子在膨胀，并且很放松。）

（2）屏住呼吸一两秒钟。

（3）用嘴慢慢呼气（大约4秒钟）。

（4）再深呼吸几秒钟。重复这组动作几次。

你感觉怎么样？希望你感觉更平静，注意力更集中，更专注于当下。很神奇，对吧？

• **安静：** 通常在学校的日子很少有沉默安静的时刻，所以这个选项要求有意识地去寻找安静。珍妮·M.伊柏林认为，安静是一种强大的减压方法，因为它能让我们感到平静和安宁。想想你的日常生活，安静是否能够成为其中的一部分。考虑一下，在洗澡、刷牙、做早餐、开车上下班、走路时，是否能够保持安静。请抑制住听新闻、音乐或播客的冲动。

• **瑜伽：** 对一些人来说，瑜伽是一种常规训练。而对有些人来说，瑜伽可能会令人感到胆怯，尤其是当你的身体不够灵活或身体柔韧性不好时。（好消息是，瑜伽不是要求你把腿放在脑后。）本周就尝试一些瑜伽姿势。你可以在早上起床时练习，也可以在晚上练习。如果你真的很有勇气，可以去上瑜伽课。许多健身房或工作坊都会向新学员免费提供几节瑜伽的体验课。

开始练习瑜伽，有3个简单的姿势。太阳式对每个人都适用。树式需要一些平衡，下犬式要求你下蹲至地板上。

（1）太阳式：安妮·巴克利整理了这个姿势的5个步骤。

①身体保持直立。

②做4次腹部深呼吸。在你呼吸时，感受到你的腹部而不是你的肺在吸气和呼气。

③第4次呼吸时，双臂举过头顶。

④手臂、脊柱和腰部向上伸展，双腿和双脚向下压向地面。同时，身体向一边倾斜。确保你的身体保持在同一平面内，而不是前倾。

⑤保持这个动作5秒钟。再向另一侧重复这个动作。

（2）树式：伊柏林整理了这个姿势的4个步骤。

①单脚站立。想象你的脚固定在地板上，就像一棵树的树干，有树根固定。

②抬起另一只脚，把脚心放在站立的大腿内侧，刚好在膝盖上方或感觉舒服的地方（不要放在膝盖上）。把目光集中在前面一个固定的地方。

③双臂从身体两侧伸出，像树枝一样举过头顶。也可以把你的手放在胸前，如果你觉得这样更舒服的话。

④保持这个姿势5秒钟，注意均匀地呼吸。再换另一条腿，重复这个动作。如果你站不稳，也没关系。这就是称之为训练的原因。

（3）下犬式：伊柏林整理了这个姿势的7个步骤。

①双手和双膝着地，双手打开与肩同宽。

②张开手指，同时手掌压在地板上。

③手臂伸直，臀部向上提，膝盖抬起，双腿伸直，与身体呈倒V字形。

④放松颈部肌肉，将目光集中在两腿之间，享受拉伸。

⑤慢慢地把手向脚的方向移动（或双脚站在双手之间）。因为腿是直的，你会感觉到腿部的拉伸。

⑥深呼吸的同时保持这个动作5秒钟。（上半身贴在腿上。）

⑦轻轻地展开脊柱，呼气时慢慢站立起来。

你已经完成了前9周的工作！你可以花点时间回顾一下所有的挑战，想想哪些已经坚持下来了，哪些需要以后继续练习。你的幸福感和你的身体是否有什么变化呢？可以把你的想法记录在后面的笔记上。

本周思考

何时、如何将正念纳入本周的日程安排？你选择了哪些选项？为什么？

这周的正念训练（某个技巧或多个技巧）是如何影响你的？

专注于正念法如何帮助你改善本周的工作和生活？

你是否打算继续把正念作为日常生活中的一部分？为什么？如何做？

笔记

CHAPTER 2

第二章

保持积极，完成任务

通常来说，第二季度是一学年中最具挑战性的时期。新学年伊始的兴奋开始被家长会、没完没了的任务（随着假期的临近，学校和家里都有不少事情）、期末考试和放学后沉重的工作造成的疲惫感所淹没。艾伦·莫尔把每年这个阶段称为生存和幻灭期。虽然他指的是新教师的感受，但许多老教师（包括我自己）认为，这个阶段的困扰并不是新教师独有的。

你可能在想方设法寻找平衡、为自己抽出时间，以及尽量保持积极。为了应对这些挑战，我们将专注于一些简单的方法，以便在接下来的9周里保持清醒的头脑和乐观的心态。当遇到困难的时候，你可能会把本书放在一边，置之不理。但是我恳求你——请千万不要那样做。相反，要按照此书的方法来做，承诺每周为自己做一件小事（最好是每天都做），这样才能顺利渡过这个充满挑战的时期。现在一定不要放弃。做好规划，埋头苦干，并向自己保证：会坚持不懈地完成各项任务！

第10周 时间管理（第46—50天）

安吉拉·沃森是一位教育家和教学倡导者，她给教师提出了很多节省时间的建议，我一直参照并遵从这些建议。我希望你也能从中得到一些启发。自从遵从她的建议后，我在准备报告或写作时消灭了无意识的休息时间，重新安排了待办事项清单，早上精力旺盛时处理最重要的任务，而不是像以前那样拖到后面疲累的时候再做。我也一直在努力克服完美主义的倾向。我不会像以前那样一份报告看上百万遍（当然，这有些夸张），而是通过一两次演练后再检查一遍，然后就确信自己已经做好准备了。以下内容，有些改编自安吉拉·沃森，有些改编自其他资料。

本周计划 尝试一种新的或不同于现在的方式来管理时间

- **消除无意识的休息时间：** 在时间表里，设置一个计时器，并承诺一定要完成需要完成的事情。我们很容易被社交媒体、电子邮件和同事分散注意力。在指定的一段时间内，全神贯注地工作。当计时结束时，再休息一下。

- **找出最重要的事情，优先做：** 你今天需要做的最重要的事情是什么？就从这件事开始。有时我们避免做某事，因为这件事让人望而生畏。同时，我们却在做其他鸡毛蒜皮的事情。现在，优先考虑需要完成的最重要的事情，然后立刻去做。按计划完成它的感觉太美妙了！

- **批量完成：**你能在一天内复印完本周需要的所有资料，而不必一周内多次去复印吗？你能抽出一段时间一次性回复所有邮件，而不必整天一会儿一封地去处理吗？你能一次设计好整个学习单元，而不必一部分一部分地备课吗？

- **避免完美主义：**不要让完美成为良好愿望的敌人。能否稍稍降低一下标准，为自己节省一点时间？与其一遍又一遍地修改课程设计，不如去相信它已经包含所有关键点了。

- **仔细安排时间：**与其把醒着的绝大部分时间都用来忙工作，不如用日历表的方式仔细安排一下时间，并按照这个计划表去做。也许可以在周日给自己留出两个小时时间专门做计划。给自己留两个小时吧，然后按照计划完成有关任务。

- **改变对学生的反馈：**给学生个性化的口头反馈，而不是把所有的反馈都写下来发给学生，这样可以节省大量时间。认真考虑哪些工作需要仔细关注，哪些工作只需要快速浏览一下。通过重新考虑反馈选项，可以节省大量宝贵的时间。

- **招募学生和志愿者：**利用积极的学生或家长志愿者。也许他们可以帮助你完成复印、装饰布告板或展示柜等等这些不需要你亲自动手的事情。

- **使用交通导航应用程序：**当我使用导航系统到达目的地时，经常吃惊地发现自己节省了那么多时间——即使我熟悉去目的地的路线。因为这些应用程序可以实时监测交通堵塞和道路拥堵等路况，提供驾驶捷径，这样就可以节省大量时间，否则就只能待在车里垂头丧气！

- **排除周围干扰因素：** 周围众多干扰因素，是时间流逝的致命杀手，如嘈杂声、杂志、零食、报纸、美容品、温度、氛围、压力、烟瘾、联想、健康状况等等都是诸多的影响因素，要防止这些因素浪费你的宝贵时间。

本周思考

何时、如何将时间管理纳入本周的日程安排？你选择了哪些选项？为什么？

你的时间管理选项是如何影响你这一周的？

专注于时间管理如何帮助你重塑本周的工作和生活？

你是否打算继续把时间管理作为日常生活中的一部分？为什么？如何做？

第11周 人际关系（第51—55天）

人际关系是人们身心健康、幸福生活的重要组成部分。作为人类，人与人之间必定有某种联系。事实上，与他人保持良好的关系可以帮助我们减轻压力，有利于我们从挫折或疾病中痊愈，让我们拥有更健康的行为，有助于实现更大的目标，甚至让我们更长寿。根据马修·D. 利伯曼的研究，我们的大脑中有三个神经网络，帮助我们促进社会联系：第一个神经网络与感受痛苦和快乐有关；第二个神经网络帮助我们解读他人的情绪并预测他们的行为；第三个神经网络帮助我们掌握文化信仰和价值观。另外一项研究发现，极度孤独实际上会增加一个人过早死亡的概率。这些研究人员还发现，当一个人感到孤独和被孤立时，可能会导致失眠、血压升高、皮质醇升高、抑郁等，使得整体幸福感较低。

当我们全力以赴地工作时，很容易被孤立；当我们感到压力过大或感到疲惫不堪时，很容易自我孤立。所以，我们应该反着做。在有压力时，要依靠支持你的人和爱你的人，然后回报这些人。作为一个内向的人，我需要大量的独处时间来充电或找到平衡，但我也知道自己不会忽视人际关系。我会安排时间和我爱的人在一起，并认真遵守承诺。我在这里说的是面对面交流，或语言上的一对一交流。我是在有意识地平衡在线交流和面对面的交流。保持在线联系固然很好，但我们也必须通过面对面的动态的交流方式与他人保持联系。

最后，谈谈学生。关于良好的师生关系如何提高学生的幸福感和学习成绩，已经有很多研究。显然，这些良好的人际关系也会提高教师的幸福感。这个成果同样适用于校长和教师。研究表明，“与学生冲突或疏远的关系不仅对教师的职业成功构成威胁，而且对教师的个人幸福也构成威胁”。

本周计划　关注人际关系，无论是校内还是校外

- **一对一的时间：**安排一次和许久未见的人一起喝咖啡。和你的另一半计划一个惊喜的约会之夜。在上学前或放学后和同事一起做点什么。每周安排一次与几个学生一对一的面谈。除了给学生学习反馈，可以问问他们在空闲时间喜欢做什么。这些方法对教师、辅导员、教辅人员和管理人员都适用。

- **情商：**参加有关提高情商的课程或社会活动（或者，作为管理者，要确保员工的职业发展）；在网上搜索会得到很多有用的信息。这种技能可以改善我们的人际关系和心理状态。

- **远程视频：**与远方的朋友或家人计划一次视频聚会。（不得不说，科技让我们的距离更近了。）我喜欢科技，因为科技让我们可以看见彼此，即使距离遥远。

- **俱乐部：**和学校以外的朋友以及同事成立读书俱乐部、互助小组、散步俱乐部等，或者在晚上一起打打牌、聊聊天、唱唱卡拉OK。

这样，你的社交群体就能够互相了解。邀请邻居举办一场家庭晚餐聚会，或者邀请朋友来家里，用家里现成的食材一起做个晚餐。

- **游戏之夜：** 邀请朋友一起玩游戏。除了“大富翁”和“猜字谜”游戏，还有很多游戏可以选择。比如：竞争性桌游、合作型的卡牌游戏（每个人都为了一个共同的目标而努力）等。或者可以在午餐时间和同事一起玩“趣味纸牌”游戏。

- **其他：** 和家人一起在公园里玩；课间休息时和学生一起玩垒球、踢足球或捉迷藏游戏，或者放学后和家人或朋友一起玩羽毛球、篮球等球类活动。

- **志愿者服务：** 加入到校外朋友、家庭成员或同事的行列，帮助邻居或社区做一些服务工作；登录相关平台，找到合适的志愿者服务项目。

本周思考

何时、如何将关注人际关系纳入本周的日程安排？你选择了哪些选项？为什么？

你的选项如何影响你这一周的心情？

关注校内外的人际关系如何帮助你重塑本周的工作和生活？

你是否打算继续把关注人际关系作为日常生活中的一部分？为什么？如何做？

第12周 感恩（第56—60天）

你可能听说过感恩的很多好处，包括改善身体和心理健康，增强同理心和减少攻击性，以及改善睡眠和提升尊严。《人格与社会心理学》杂志上的一项研究报告称，那些记录感激之情而不是消极或中性生活事件的人们，会有更多的幸福感。

对我来说，感恩已经成为一种日常习惯。强调一下，是每天的习惯。感恩让我更珍惜美好的日子，摆脱痛苦日子的负面影响。当我面临巨大压力或感到沮丧时，感恩提醒我后退一步，把注意力重新集中在积极的一面，而不是被消极一面所困扰。

本周计划 每天都练习如何感恩

- **周一：**早上第一件事，记录3件值得你感激的事。可以把这些事记录在日记中、计划清单中甚至手机或电脑上的备忘录里。如果可能的话，试着不去考虑那些常规的事（朋友、家人、干净的饮用水），而是记录那些不那么明显的事，比如榛子味的咖啡、洗发水的味道，或者从上大学开始就一直穿的那件破旧的运动衫。由这些物件体验你的感激之情。
- **周二：**拍一张让你心存感激的照片。可以在社交媒体上分享这张照片，并加上“感恩”的标签，或者也可以只是保存这张照片，用于以后回忆。（我一年中每一天都在做这样的事。我有一些随机拍的照片，比如早上散步时拍的天际线，还有在某个停车场看到的一个提醒人们不要喂短吻鳄的有趣标志。）

- **周三：**给某个人发一条短信表达你的感激之情。可以是感谢一位同事对你的支持，或者可以联系一位朋友，对他或她为你做的事表示特别感谢。发的信息越具体越好，因为这些细节对读者来说常常是最重要的。

- **周四：**睡觉前，记录3件你想表达感激的事。同样，可以把这些事记录在日记、计划清单、手机或电脑的笔记本中（尽管后两者在睡前操作可能不利于睡眠）。比较一下在周四晚上这样做和周一早上刚醒来时这样做有什么不同。

- **周五：**给某个人手写一张感谢纸条。可以把纸条送给收件人（或者大声读给他/她听），也可以把纸条快递给收件人。想想这个做法与你周三发短信的感觉有什么不同。

本周思考

何时、如何将感恩纳入本周的日程安排？本周你全部按照以上的步骤完成了5个选项了吗？如果没有，是什么原因导致你没有完成？

感恩是如何影响你这一周的？

记录感恩事件如何帮助你重塑本周的工作和生活？

你是否打算继续把感恩作为日常生活中的一部分？为什么？如何做？

第13周　学会说不（第61—65天）

作为一个总不愿得罪人的人，学习如何说“不”对我来说还需要持续不断的练习。我发现自己在考虑答案是否对自己有影响之前，就先说了“是”。之后，我开始埋怨求我帮忙的人，埋怨这件事占用了我太多时间，我感到沮丧，感到不知所措，因为我手头有太多的事情要处理，希望给自己留出更多的时间。

这种无法说“不”的能力可能与自信有关，因为“缺乏自信的人经常在应对他人时感到紧张，倾向于把别人的需求看得比自己的需求更重要”。当我努力培养自己的自信时，我发现说“不”变得越来越容易。我认为，说“不”是一种坚定的设定关爱自己边界的方式。当我学会尊重自己、欣赏自己时，便对自己想要成为什么样的人、想要摒弃成为什么样的人有了更清晰的认识。如果不是“明确的是”，那就应该是“明确的不”。否则，当我们不停地说“是”，而不停下来考虑是否适当，或者是否符合自己的目标和价值观时，我们最终会感到精疲力竭，变得焦躁易怒。

下次有人请你帮忙做你不想做（或不能做）的事情时，试试以下这些方法，然后关注一下在之后一到两天你的感觉。

本周计划 练习说“不”

- **确保回答简单：** 没有必要不停地解释为什么你不愿意参加。练习说出以下这些话，并且做到从口中说出时的感觉是自然而又舒服的。

  （1）“谢谢你想到我，但这个不适合我。”

  （2）“我真心想说可以，但我的日程安排不允许。”

  （3）“我有其他事情要做，现在确实没有时间。”

- **提出替代方案：** 如果你能提出一个替代方案，可能更容易被对方接受，并能够帮助他人。例如，你可以说：“你跟爱丽卡谈过没有？你知道她对这个项目多么感兴趣吗？几天前，我们一起讨论过这个问题。”

- **留出时间：** 不要马上回复，给自己留出一些时间：“我周三之前回复你好吗？”这样你就有时间好好考虑一下，这件事是否属于“明确的是”。但是，一定要回复人家，不要让人家一直等，避免成为事实上的“说不”。

- **考虑一个折中的办法：** 例如，如果有人想让你帮忙完成学校的某项任务，你可以这样回答：“好的，如果你下周能帮我完成礼堂的值班任务，这周我就帮你完成校车值班的任务。”——双赢。

- **转移补偿对方：** 这个技巧就是在表明拒绝后，可以在一些小事上给对方以补偿，或者换一种方式补偿。例如，你可以说：“实在对不住，这件事我的确是爱莫能助，不过，我可以帮你打听一些消息，希望能帮到你。”

• **用幽默化解尴尬：** 例如，你可以这样拒绝："实在对不起呀，我现在手头上还有事，只好选择当你的'逃兵'了。"幽默风趣，旨在冲淡拒绝时彼此的尴尬，和对人际关系的伤害。

• **区分拒绝人和拒绝事：** 一定要记住，你不是在拒绝某个人——你只是拒绝了某个人的一个请求。当你被人拒绝时，也一定要记住这一点。

• **做真实的自己：** 尊重自己。知道自己要优先安排的事项和目标是什么，为自己的时间设限，这样就可以实现目标。继续建立对自己的尊重，进而越来越容易做出抉择。

本周思考

何时、如何将学会说不纳入本周的日程安排？你对什么请求说“不”？为什么？

什么选项帮助你说“不”？如何帮助你的？

说“不”后，你当时的感觉如何？一天后的感觉如何？几天后的感觉又如何？

你是否打算继续把说“不”作为日常生活中的一部分？为什么？如何做？

第14周 鼓舞的力量（第66—70天）

这听起来可能会很难达到，但即使在最平凡的日子里也绝对有可能获得鼓舞——是的，即使是在杂货店或邮局排队等候时。不相信？欢迎来到第十四周。本周你将致力于帮助自己获得鼓舞。谁不想受到鼓舞呢？我想受到鼓舞，不想感到无聊或焦虑。当我们感到受鼓舞时，我们感到一切皆有可能，一切都充满了希望。我们感到身上有一团点燃的火，做任何事情都动力十足。

我曾听过多次荣获大奖（并且才华横溢）的作家乔治·桑德斯在丹佛大学的演讲。演讲时，桑德斯关于写作的过程和语言的力量谈了很多。听了那次演讲后，我深受鼓舞，决心重新开始写作——我的确重新开始写作了。听桑德斯讲话时，我发现自己心里在想："我也能做到。""是的，是的，这正是我所想的。"因此，我很受鼓舞，觉得自己在生活中应当做点什么。想象力研究所科学部主任斯科特·巴里·考夫曼解释了这种感觉："受到鼓舞的人会唤醒自己，超越自己的个人经验和局限，发现新的可能性。受到鼓舞的人能促使自己从冷漠走向热情，并改变对自身能力的判断。"

当你不确定日常生活是否能鼓舞你时，想想乔治·桑德斯说的话，这是他在身处购物中心时获得的写故事的灵感：

一次在购物中心的时候，我一个人在行走，有两个工人模样的年轻女孩路过我身边，听口音是来自美国锡拉丘兹市的，我能够听到她们的交谈……回到家后，我对自己说，我要描摹这两个女孩。

本周计划 鼓舞自己

- **改变环境：**本周去不同的咖啡馆、杂货店或图书馆。

- **学点新东西：**每种语言学10个不同的单词如何？学一些天文学或你所在城市的历史如何？要不就学一学如何跳舞？

- **创建一个愿景板：**想想你的伟大梦想和渴望，找到代表这些愿景的图片。可以用传统的方法贴在纸上或制作成海报，或者用手机或电脑在新媒体平台上制作。如果第四周选择了在哪里制作了一个幽默展板，可以参考这个展板。

- **参观当地的书店或图书馆：**浏览一下书架，看看那些有趣的标题、图片和观点。回想一下最近读的一本你喜欢的书。你为什么喜欢这本书？找一本同一作者、同一主题或者发生在相同背景下的书。利用头脑风暴法，列出想要学习但从未得到的信息。通过书（或其他资源），逐一收集这些信息。

- **尝试一种新的艺术形式，或者听一种新的音乐：**尝试一种新的艺术形式会有很大的帮助。如果之前特别喜欢写作，那么这次可以试试画画；如果经常演奏音乐，现在可以试着写一首诗。如果经常写诗，那就可以试着写一篇文章或一个短篇故事；在日记里写生，或者在大自然里拍些照片。

• **找一些不常听的音乐，听听看你会有什么感受：** 爵士乐、乡村音乐、古典音乐或舞蹈音乐如何？你试过嘻哈音乐（嘻哈和蒸汽朋克音乐的混搭音乐）吗？或日本卡哇伊金属音乐（日本流行音乐和金属音乐的混搭）吗？你知道古典大提琴家马友友有一张名为《山羊雅集》的蓝草音乐专辑吗？

• **把鼓舞人心的灵感记在笔记本上：** 当鼓舞人心的灵感突然出现在脑海时，要把它写下来，这样就不会忘记了！把这些美妙的时刻记在笔记本或手机上。如果你更喜欢画画，那就准备一个速写本。

• **在社交媒体上关注10个能够鼓舞你的人：** 谁是你的创意偶像？去网上寻找他们，在一些社交媒体平台上关注他们，这样他们的事迹就能继续鼓舞你。我关注了许多我最喜欢的作家和演说家，比如安妮·拉莫特、布伦·布朗、伊丽莎白·吉尔伯特、珍·哈特梅克和奥普拉·温弗瑞等。他们的言行和思想给了我很大的鼓舞。

• **走出熟悉区：** 走出自己的日常生活。尝试一些你以前从未做过的事情，走出自己的舒适区。可以去上尊巴舞课，读读诗歌，或者参加一项新的体育活动。

• **读一本你崇拜的人的自传或回忆录：** 听别人奋斗、胜利和迎接挑战的故事，会起到令人难以置信的鼓舞作用。自传或者回忆录也不一定是关于某位名人的，比如《教育：回忆录》《玻璃城堡》和《当呼吸变成空气》都不是名人撰写的，但却都是鼓舞人心的回忆录。

- **观看一场鼓舞人心的演讲节目：** 很多演讲活动的目的就是为了鼓舞人心。差不多你能想到的每一个主题都有那么多鼓舞人心的演讲——去探索吧。下面是一些推荐主题，“出色工作之快乐的秘密”“欢乐隐藏的地方及如何找到它”“独特的创造性天才”，等等。

- **看电影也能鼓舞我们：** 选择一部好电影，然后全身心地融入其中。如果在选择上不确定，可以向学生或同事寻求建议。

- **休息也可以鼓舞自己：** 如果你一直在努力做某事，却觉得自己懈怠或失去兴趣，这可能表明你需要休息一下。也许你可以打个盹儿，或者出去散散步，或许是一次说走就走的旅行……休息一下可以让你重新焕发活力，精力充沛地回来继续你的任务。

- **为小胜利而庆祝：** 你的小胜利可能看起来微不足道。然而，事实是小胜利和大胜利一样重要。庆祝你的小胜利可以增强你的信心，让你快乐，并激励你为更大的胜利而努力。

本周思考

何时、如何将鼓舞自己纳入本周的日程安排？你做了哪些选项？为什么？

这些选项令你受到鼓舞了吗？如果是，如何鼓舞你的？鼓舞你做了什么？

对比一下，你受到鼓舞时的行为与没有受到鼓舞的行为有什么不同？

你是否打算继续把鼓舞自己作为日常生活中的一部分？为什么？如何做？

第15周 寻求帮助（第71—75天）

既然你已经克服了说“不”的挑战（见本书第13周），下面我邀你一起解决在寻求帮助时所遇到的一些问题。通常，我们会尽量不麻烦别人帮忙，因为我们不想让自己看起来软弱。但事实是：寻求帮助并不意味着软弱，这是一种力量的象征。因为我们知道自己的局限，知道我们不能独自完成所有的事情。请听我说，我知道自己并不擅长寻求帮助，对于我这种永远想取悦别人的人来说，求人帮忙感觉就像我在欺负别人一样，或者在某种程度上超越了我做人的边界。或者——哎！——或者我担心会暴露我的弱点，让别人知道我没有能力做这件事。即便如此，也请记住，关心我们的人是愿意帮忙的。真的！

换个角度思考一下：如果你帮助了你圈内的朋友，你会觉得这些人是弱者或是懒惰无能吗？还是你的确把他们看作是个普通人，在他们需要帮助时，在你力所能及的情况下去帮助他们，并且感到荣幸？看到了吗？关键是“知道什么时候寻求帮助，清楚你为什么需要帮助”。这正是我们本周要探讨的内容。无论是在家庭责任方面寻求帮助，还是一些无关紧要的小事需要帮助，你都有很多的选择。

本周计划　寻求帮助

- **改变你的心态：** 放弃你必须独自完成所有事情的想法。你绝对配得上接受别人的帮助。确实如此。
- **重新评估你的优先事项：** 考虑什么人、什么事对你和你的幸福是最重要的，并想想你在这件事或这个人身上花了多少时间。这是否足够呢？你是否需要重新安排某些事情，以便把更多的注意力放在对你来说最重要的人和事上？
- **具体需求：** 确保你对为什么要向他/她寻求帮助及具体寻求什么帮助是明晰的。这将有助于他们理解你的需求，并愿意提供帮助。一定要清楚你到底需要什么，避免因为误解而遭到拒绝。
- **寻求与“自我照顾”直接相关的专业帮助：** 向学校相关咨询人员或社会专业工作者（或我！）寻求与“自我照顾”直接相关的专业帮助，并关联“同情疲劳”等话题。当一个人经常与经历过创伤的人一起工作时，就会出现这种现象，这在学生中很普遍。学校范围或地区范围的全民健康计划可能会帮助到你们每个人。
- **利用员工援助计划：** 研究证明，教师的工作压力都比较大，自我照顾是一种补救措施。然而，有时我们需要更多的帮助。如果感到压力巨大或者对某些东西上瘾，请联系教职员工健康辅导方面的相关人员。如果学校或员工福利包含相关服务，可以联系专业的心理健康辅导人员。

本周思考

何时、如何将寻求帮助纳入本周的日程安排？你做了哪些选项？为什么？

寻求帮助时有什么感觉？得到帮助后有什么感觉？通过寻求帮助，你发现了什么？

寻求帮助后，你是否有更多的时间处理最重要的事情呢？

你是否打算继续在必要时把寻求帮助作为日常生活中的一部分？为什么？如何做？

第16周　舒适惬意（第76—80天）

你听说过“hygge”这个英文单词吗？你知道它如何发音吗？我苦苦思索了很长时间，最后才知道是这样读的：HUE—guh。这个单词来自丹麦语，指的不是某种物质，而是一种感觉。这个单词的定义是：“通过享受生活中简单的事情而获得的舒适满足和幸福”的感觉。想象一下如下场景：外面下着雨，你躺在沙发上，一边喝着热茶，一边惬意地读着一本书。就是这种舒适的感觉。是的——听起来就很舒适惬意，对吧？这个概念一出现，就席卷了整个美国。

本周计划　获得舒适感

- **周一：** 在家的时候，关掉天花板的灯，用蜡烛或台灯代替。（在学校也可以这样做，但要注意安全！）
- **周二：** 下班回到家，就换上舒适的衣服。是的，我们说的是短袖运动衫、长袖运动衫、厚袜子和那些虽然老旧但穿着很舒适的拖鞋。
- **周三：** 尽情地享受一些美味食品或饮料。什么样的食品或饮料会让你感受到舒适和满足呢？是通心粉和奶酪吗？西红柿汤和烤奶酪？热茶？可可？尽情吃，尽情喝。
- **周四：** 参与一项让你感到舒适的活动（不，我不是指看手机）。

读读书？和家人一起玩玩棋盘游戏？弹弹吉他？做一下填字游戏？晚上去看电影？选择一项活动，并尽情享受。

- **周五：**考虑一下如何把舒适惬意带到学校。戴一条舒适的围巾去上班，或者从家里带一个最喜欢的马克杯。创造一个舒适的阅读角，用树灯照明。或者和学生们一起读书时，脱掉鞋子，这样就可以穿着你最喜欢的羊毛袜子踮着脚尖走路。

本周思考

何时、如何将舒适惬意纳入本周的日程安排？你做了哪些选项？为什么？

关注舒适惬意有什么感觉？哪种感觉对你最重要？

本周尝试一种或几种选项后，舒适惬意对于你意味着什么？做了几个选项后，你是如何定义或者重新定义舒适惬意的？

你是否打算继续把舒适惬意作为日常生活的一部分？为什么？如何做？

第17周 社交媒体（第81—85天）

人们对于社交媒体的抨击与批评，是有原因的，浏览社交媒体真是太浪费时间了。平均每人每天浏览社交媒体近两个小时，这意味着一个人一生中共有5年零4个月的时间浪费在社交媒体上。我向人们不断重复这一点：人们平均会在社交媒体上虚度5年的时光！众所周知，社交媒体能使人上瘾，当我们将自己的真实生活与那些我们在社交媒体上关注的人们经过滤镜与修图发布的所谓“完美生活”进行比较时，我们会感觉很糟糕，并导致我们的自信心不足。社交媒体还产生或加剧网络暴力和网络诈骗等问题。我们可能都在某种程度上遭受过社交媒体的一些负面影响。但是，好消息是我们可以控制社交媒体的新闻推送，让其为我们服务，而不是被它束缚。社交媒体在你的生活中扮演什么角色？你如何看待社交媒体以及它与你的关系？

我参加了“离线十月”的活动，离开我的个人社交媒体账户整整一个月。这很难吗？一开始，绝对是。但到了第二周左右，会让我感觉良好。当十一月份重新回到社交媒体账户时，我就能改变以前的习惯做法，而不会沉迷其中，并可以享受社交媒体中那些美好的一面（比如，朋友可爱的孩子和小狗的照片），同时也可以远离那些不那么美好的信息。

本周计划　管理社交媒体的使用

- **周一：**与其整天百无聊赖地刷屏，不如好好安排在屏幕上浪费的时间。确定好一天中什么时候使用，使用多久，然后持之以恒，坚持下去。可以考虑限时为两段15分钟或者更长的一段30分钟。登录时可设置一个计时器，当计时器响起时，就立即停止。

- **周二：**对所关注的人进行仔细甄选。刷屏时，请保持专注，当看到某人或某群发的信息时，请关注你的感受或反应。如果感到焦虑、愤怒或沮丧，你完全有权将其从订阅中删除、取消关注或隐藏它们。不妨考虑一下安·拉莫特给出的睿智建议："不要拿别人的外在表象和自己的内心境况相比较。"

- **周三：**安排亲身体验的时间。与其通过社交媒体满足我们对外界的需求，不如通过其他方式与我们的朋友和家人保持联系。相比于在一些评论区发表你的意见，不如发邮件、发短信、打电话或面对面与亲朋好友交流，这才是更加亲近和更加直接的方式。

- **周四：**在你发布消息之前，停下来思考一下。当你悲伤、愤怒或感到失望时，往往会有通过社交媒体来发泄自己情绪的冲动，但这样做通常不会带来积极的结果。相反，我们要刻意练习并训练自己，发消息前停下来想一想。在发帖之前，可以先问自己以下几个问题：为什么我想分享这个帖子？谁会看到这个帖子？我想在《纽约时报》的头版上看到这个帖子吗？其他人看到这个帖子会怎么想？我对这个帖子有什么期待？

- **周五：** 你想关注什么？我把该问题当成我的手机锁屏。我从凯瑟琳·普莱斯的《如何与手机分手：30天计划让你重拾生活》一书中了解到这个方法。每次当我拿起手机时，这句话都会提醒我，迫使我认真思考在那一刻我真正想要关注的内容。有时，确实需要使用手机，但是，其他时候，我意识到我更愿意保持清醒，这样就不会错过身边发生的事情。

本周思考

何时、如何将审慎使用社交媒体纳入本周的日程安排？你选择了哪些选项？为什么？

改变社交媒体的使用习惯对你的日常生活有何影响？你注意到有何变化了吗？

社交媒体使用习惯的改变如何影响你与他人面对面交谈的质量？你注意到有何变化了吗？

是否计划继续审慎使用社交媒体，并使之成为你日常生活的一部分？为什么？如何做？

第18周 习惯（第86—90天）

习惯是强大的。一方面，习惯帮我们节约更多的时间，使我们不必经过大脑思考就做出动作；而另一方面，并非所有的习惯都对我们有益，即使我们深知这一点，但是似乎仍无法做出更好的选择，因为这些坏习惯已经根深蒂固。思考一下“一个人每天有40%以上的行为都是不经过大脑思考，而由习惯决定的”。试想一下一个平常的工作日，以及这24小时内的所有习惯——起床、刷牙、洗澡、吃早餐、开车上班、登录电脑……这只是一天的开始。

考虑习惯时，请注意哪些习惯是健康的，哪些习惯是不那么健康的。例如，我有一个健康的习惯，早上醒来时就喝一杯温开水。我还有一个不太健康的习惯，就是周末吃的食物不符合健康饮食的标准。随着深入理解习惯养成的要素——从暗示，到惯常行为，再到奖赏，我能够努力改变对我不利的习惯。某个暗示或触动会触发一种习惯；可能是一天中的某个时间、地点、人或情绪状态。由此，基于特定暗示的惯常行为就开始产生，这会让我们得到某种奖赏，使习惯得以养成并巩固下来。

例如，我早上响起的闹钟就是一个暗示。闹钟提醒我起床，去洗手间，倒一杯水。奖赏是，当喝了水，我感觉更清醒；这又强化了这一习惯。另一种情况，其中的一个暗示是周末，每当那时，我感觉更放松和清闲自在。

这种心理状态和周末这个时间段就促成了我选择的食物会跟通常有所不同的这个行为。我得到的奖赏是，那种沉迷于美味食物的叛逆和陶醉的感觉，这让我感到放松。虽然该习惯路径很强大（就像早上的喝水习惯一样），但这并不利于实现我的长期目标，所以我想要改变这个习惯。暗示不会消失，所以我必须改变惯常行为，以便从不同的替代行为中获得奖赏。我重建了习惯路径。本周概述的这些步骤改编自医学专家泰瑞·戈茨，能帮助你确定某个想要改变的习惯，并采用正确的方法实现目标。

本周计划　尝试改变一个习惯

- **周一：** 找出一个你希望改变的习惯。记录一些日常习惯，并选择一个你想改变的习惯。不要为有这样不好的习惯感到自责；选择一件事，并承诺在本周做出改变。
- **周二：** 找出暗示或触发以及奖赏。什么暗示会使习惯开始形成，从所选的习惯中得到的奖赏是什么？它让你觉得舒服吗？你的压力得到释放了吗？还是分散了注意力？或者是感到麻木？
- **周三：** 改变惯常行为。通过深入了解一个习惯，寻找其暗示和奖赏。一旦找到，就可以选择用另一个不同的惯常行为进行替代。换句话说，如何以更好的方式为自己服务并获得满足？当暗示被触发时，可以用新的惯常行为进行替代。
- **周四和周五：** 继续尝试。这不是一蹴而就的事，也不是几天时间就能解决的。习惯很难改变，可能需要几周的时间才行，所以要肯定正在迈出的第一步，如果你又陷入了旧习惯，原谅自己，重新开始尝试。

恭喜你，成功完成了一半的旅程！希望你可以花点时间回顾一下过去9周的内容，想一想哪些计划对你的生活产生了影响，让你想再试一次，以及你的快乐和整体幸福感方面有什么变化。同样，也可以在后面的笔记页记录你的想法。即使错过了几天或几周的内容，也没关系，你应该为自己感到骄傲。请记住给自己一份美好的礼物，然后回来继续努力。

本周思考

何时、如何将改变习惯纳入本周的日程安排？你选择了改变哪个习惯？为什么？

暗示和奖赏有助于养成目标习惯，你从这些暗示和奖赏中学到了什么？

惯常行为的替代行为是什么？本周在改变惯常行为方面进展如何？

是否打算继续改变那些不利于自己的习惯？你为什么要改变？如何改变？还想改变哪些其他的习惯，以及要养成哪些新习惯或惯常行为？

笔 记

CHAPTER 3

第三章

调整节奏，回归平衡

欢迎来到新学年的下一阶段。相信你会喜欢这一阶段。随后这9周的体验都是关于如何找到平衡的。一般来说，大多数教师放完寒假回到学校，开始走出艰难的“幻灭阶段”，进入到一个更轻松、更愉快的新阶段。离开学校的这一段时间，希望是一个喘息的机会，可以让你与所爱的人重新有更多的时间在一起。理想的情况是能够获得高质量的睡眠，并且新年的许愿可能也会帮助你更好地迎接未来的9周。在这段时间里，我们会帮你回归到最佳状态。你应该可以看到学生在这段时期开始发生的一些成长和变化，你的重点将是努力在职业生活和个人生活之间保持冷静与平衡。

特别是当你从前9周的“幻灭阶段”恢复过来后，接下来9周的计划都是为了帮助你重新调整你的节奏。

第19周 创造力（第91—95天）

你认为自己有创造力吗？你是如何定义创造力的？创造力在你的日常生活中扮演什么角色？虽然我们中的许多人可能认为我们不太具备创造力，但创造力却是我们整体幸福感的重要组成部分。神经学教授理查德·雷斯塔克认为，“创造力对于解决我们生活中方方面面的问题都至关重要”。并且，或许要通过创造性地思考，才能提出具有创新性的想法。挑战自己少消费，比如每周的花费少于40美元，就是培养解决问题和创新能力的新方法。

很长一段时间，我认为自己不是很有创造力。但是，当我强迫自己尝试新事物时，却发现我确实也有创造性的一面。这些日子，我的创造力表现在写作、艺术拼贴画和家庭照片墙的设计中。

我们每个人都有创造性的一面。

本周计划 发掘你的创造力

- **涂鸦：**涂鸦有助于我们在想要放松时保持专注。在员工大会或职业发展培训期间，当大脑想要走神时，可以尝试涂鸦。如果学生在课堂上涂鸦，也请原谅他们。
- **做一些手工活：**从零开始尝试一些需要动手的活动——木工活或

烹饪食物。用双手创造东西意味着你从所有的感官中获得信息，这可以促进创造性思维的发展。神经科学家凯利·兰伯特说："当我们参与活动时，就改变了大脑的神经化学。"鼓励学生也这样做，允许学生在课堂上进行相关的动手或实践活动。

- **留出时间进行头脑风暴：** 与其他任何能力一样，创造力也需要不断训练。因此，留出特定时间来进行奇思妙想，这是很有帮助的。给自己一些空间来思考感兴趣或需要关注的领域，并把所有的想法记录下来，不用限制自己的想法。可以使用第14周的鼓舞人心笔记本。

- **与不同的人交流：** 当与想法不同的人进行互动时，我们就开始以一种新的角度看待世界；通过逐渐了解以往不打交道的邻居或同事，我们可以对不同思维方式保持开放性的态度。通常在工作时，大部分时间我们与同年级或同部门的老师们在一起；因此，请要求自己和新认识的人一起吃午饭，并努力去真正了解这个人。

- **散步——如果可以的话，走向户外，在大自然中散步：** 身体运动有助于减轻压力，在大自然里散步是鼓舞人心的。把手机放在口袋里，让思想随着身体的走动而自由徜徉。不过，请确保"灵感笔记本"放在身边，触手可及。

本周思考

何时、如何将创造力纳入本周的日程安排？你选择了哪些选项？为什么？

你的创造力是如何表现出来的？你认为自己是一个有创造力的人吗？为什么是或为什么不是？

谁是你的创造力的榜样或灵感来源？你能从那个人身上学到什么？

是否打算继续把创造力作为日常生活中的一部分？为什么？如何做？

第20周　传递善举（第96—100天）

当我们注意到有人向我们伸出援手，表达善意时，我们也应该努力把这份善意传递下去，因为“当我们传递这份善良时，我们的内心是无私的，这超越国界、超越人与人之间关系的大爱，以积极的方式提升了我们的存在感、成就感”。虽然每年都会有“爱心传递日”，不过我们的每一天都应该传递善良，任何借口都不能成为不参与其中的理由，也希望这一理念能深入人心。在第6周，主题也是善举，倡导每天传播善意。本周是同一主题的另一个角度，因为为他人做些事情会让我们产生巨大的幸福感，所以值得我们用稍微不同的方式再作探讨；可从第12周开始回顾你的感恩之旅，看看你可能会向谁传递善意。

本周计划　**当别人对你表现出友善时，请用心体会，并将这种友善传递下去。**

- **传递善良：** 如果有人为你扶门，那么也请你为他人扶门。如果有人对你微笑，那么也请你对别人微笑。如果有人赞美你，那么也请你真诚地赞美他人。
- **数一数：** 记下每天可以传递善良的次数。

本周思考

何时、如何将传递善良纳入本周的日程安排？你选择了哪些选项，为什么？

你最喜欢的有爱的行为是什么？为什么？

当注意到别人的善举时，你有什么感受？

是否打算继续把传递善良作为日常生活中的一部分？为什么？如何做？

第21周 放飞自我（第101—105天）

我特别喜欢《公园与游憩》这部电视剧，其中我最喜欢的一集是唐娜和汤姆庆祝10月13日的“自娱自乐日”。在这一天里好好宠爱自己，用“犒劳自己”这句熠熠生辉的口头禅来使每个决定合情合理。他们给自己买礼物，从待办事项中解脱出来，休假一天，品尝美食。许多人饶有兴趣地庆祝10月13日，并将之当作“自娱自乐日”。但还是那句话，为什么要把自己局限于仅仅这一天的纯粹快乐里呢？

宠爱自己听起来就令人欢喜。当然，你可能无法摆脱所有的任务，也不想完全失去对健康习惯（或信用卡）的掌控，但你肯定可以找个时间和场合来奖励一下自己，这正是这一周令人欢喜的意义所在！允许自己好好享受一下而不感到内疚！（每次放飞自我、用心享受时，请重复那句口头禅，说出来的感觉真是太棒了。）

本周计划 请跟我一起说——宠爱自己

- **宠爱自己的日常小妙招：**
  - ○ 如果不想出去，就待在家里。
  - ○ 如果不想待在家里，就出去。
  - ○ 美美地睡上一觉。
  - ○ 买东西。

○ 先点份甜点。

○ 点份甜点，只点甜点。

○ 穿毛绒袜子或舒适的拖鞋。

○ 不要计算卡路里。

○ 请一天病假。

○ 放弃洗澡。

○ 24小时内，不回复电子邮件、短信或电话。

○ 购买精美的奶酪和昂贵的饼干。

○ 点上蜡烛。

○ 在你喜欢的平台或网站上列一个愿望清单，或者创建一个新的画板。

○ 享受水疗或参观当地的酿酒厂。

○ 享受你喜爱的美食——甜食（或咸食）。

○ 改变颜色。

○ 亲手烹饪、烘焙或制作某样东西。

○ 组织聚会！

本周思考

何时、如何将宠爱自己纳入本周的日程安排？你选择挑出单独的一天，还是选择分成多天来好好享受这美好的独处时光？是什么影响了这一选择？

哪一种乐趣是你最喜欢的？为什么？

放飞自我或体验一些不常做的事情是什么感觉？

在同时能够保持（健康、财务或其他方面）总体目标的情况下，是否打算继续把宠爱自己作为日常生活中的一部分？为什么？如何做？

第22周 探险之旅（第106—110天）

对大多数人来说，生活难免会有些单调乏味。我们往往会陷入一成不变的日常生活节奏中。我在家的大部分时间往往这样度过：起床后带着狗出去散散步，吃个早餐，开始一天的工作，下午晚些时候去健身房健身，然后晚上睡觉前看会儿书。我喜欢这样的日常生活，对我而言很享受。但是，时不时地做出改变，为生活注入新的活力也不错。如果可能的话，我想可以确保每个月至少有一次探险。对我来说，探险的形式是多种多样的，例如，像一名外地游客一样去探索丹佛（我所居住的城市），在山麓尝试一条新的步行小道，在度假时进行水肺潜水，以及工作出差时欣赏一下所到城市的独特景色。

本周计划　打破单调

- **腾出时间：** 选择一天、半天、半个小时或其他时间进行探险，并即刻在日历上标出来。
- **选择探险旅程：** 你想探索新的城市、商店、餐厅、公园、书籍或主题吗？列出一份你觉得不错的探险清单吧。
- **选择同伴：** 决定想独自探险还是与别人一起探险。甚至做点出格的事，可能也是一种探险。

- **做功课：** 在确定时间之前做必要的调查。了解出行的路线、营业时间、预测预报等，以便可以充分享受探险之旅。
- **投入：** 全力以赴。允许自己在全身心投入的情况下进行探险，而不被一些事情分心，例如，社交媒体或工作会议。
- **留念：** 拍照记录下探险经历。开始动手做一本探险相册，捕捉所有探险经历的精彩瞬间，并激励自己养成这一良好习惯！

本周思考

何时、如何将探险纳入本周的日程安排？你选择了什么探险活动？为什么？

找时间去探险很不容易，感觉时间充足吗？

探险是如何融入你的日常生活中的？

是否打算继续把探险作为日常生活的一部分？为什么？如何做？

第23周　条理有序（第111—115天）

根据畅销书作家格雷琴·鲁宾所言：“对大多数人来说，条理有序的环境有助于他们感到精力更加充沛、更有创造力和更快乐。”对你来说也是如此吗？我知道这对我来说的确如此。日本作家麻理惠·近藤也赞成这个观点。麻理惠撰写了畅销书《改变人生的整理魔法：日本的清洁整理艺术》，亲自参演过真人秀节目，并且在2015年被美国《时代》周刊评选为“世界最具影响力人物之一”。

当办公桌或办公室一团糟时，我很难集中精力完成任务。显而易见的是，当房子开始杂乱无章时，我们夫妻俩的事情也会失控。当我注意到混乱并反思生活的方方面面时，往往会将这种混乱无序与日常生活的杂乱无章联系起来。

为了更好地改善外部环境，本周我们将讲授一个实用的小策略：该策略是“1分钟法则”。其运作方法如下：如果某件事能在1分钟或更短的时间内完成，就必须完成。就是这么简单！这意味着1分钟内，可以把外套挂起来、把鞋子放进壁橱里、把邮件整理分类、把文件整理归档、更换卫生纸卷、把盘子放进洗碗机，或者把书放回书架上。在公司工作时，这意味着在下班离开前，清理办公桌、给植物浇水，以及清理咖啡杯。

思考一下，遵守“1分钟法则”如何有助于提升外部秩序感，并保持内心平静。当我们花时间把东西放回原处，就减少了产生或增加视觉和心理混乱的可能性。

本周计划 运用“1分钟法则”

- **本周有并且只有一个挑战：** 使用“1分钟法则”。如果能在1分钟或更短的时间内完成一项任务，你就必须完成它。

○ 倒垃圾
○ 整理书架
○ 整理桌面
○ 泡一杯茶
○ 收拾沙发
○ 给植物浇水
○ 整理文件
○ 晾晒衣服

还有哪些1分钟可以完成的任务呢？

本周思考

何时、如何将“1分钟法则”纳入本周的日程安排？你选择了哪些选项？为什么？

“1分钟法则”的运用有助于你保持冷静吗？如何实现？

在学校和家里，你是如何化解一堆琐事的？

是否打算继续把“1分钟法则”作为日常生活中的一部分？为什么？如何做？

第24周 无职责假期（第116—120天）

我每周都会收听节目《好莱坞更快乐》。虽然我不住在好莱坞（丹佛离好莱坞很远），但我仍然喜欢利兹·克拉夫特和莎拉·费恩关于如何给日常生活——特别是职业生活，带来更多快乐的小贴士、建议和技巧。无职责假期在某期节目中，主持人根据莎拉自己的实践体验邀请听众挑战“无职责假期”。

我立即报名参加了该挑战，同时突然发现自己也在思考一些事情，正好可以休息一两天，并不会受太大的影响。例如，我决定不用整理床铺，决定一周不用打扫办公室，衣服换洗的间隔时间比平时更长。这感觉真是太自由了！我知道，不会因为短时间不做这些事情而丢掉好不容易养成的好习惯。我也知道，即使没有整理床铺，家里、办公室都乱七八糟，生活也会继续。

本周计划 **可以考虑一下从职责中脱身出来度过一个小假期，并且允许自己这样做。**

- **放下家务：** 你可以暂时抽身，不去做下面这些家务（至少一段时间）。

  ○ 做饭　　○ 熨烫衣服

○ 整理床铺

○ 洗衣服

○ 叠衣物

○ 去健身房

○ 规划膳食

○ 去杂货店购物

- **暂停工作：**试着在你不办公的日子里不去做这些事情（即使只有24小时）。

○ 论文和测试评分

○ 计划下周的课程

○ 整理教室

○ 清理书桌

○ 更新网站

○ 查阅语音留言

○ 回复电子邮件

○ 给学生家长打电话

- **远离社交：**你可以暂时不履行这些社交事务。

○ 回复朋友的短信或电子邮件

○ 回电话

○ 酒会或宴会的会面

○ 回复社交媒体上的留言

本周思考

何时、如何将“无职责假期”纳入本周的日程安排？你选择了哪些选项？为什么？

享受“无职责假期”的感觉如何，结果遭受到什么损失吗？

“无职责假期”很难实施吗？为什么很难或为什么不难？

是否打算继续把“无职责假期”作为日常生活中的一部分？为什么？如何做？

第25周　快乐游戏（第121—125天）

游戏（并不是网络游戏）时间不仅仅是孩子们所独有的，成年人也需要玩耍！虽然我们都已长大，但是这并不意味着我们不能纯粹为了好玩而玩。游戏带来快乐。游戏对解决问题、提升创造力和人际关系至关重要。作为成年人，玩游戏可能会给人一种放纵或傻乎乎的感觉，但本周的任务会打破这种惯常思维方式。因为，事实上，如果想过一种有意义和有建树的生活，我们必须有意识地培养良好的睡眠和游戏习惯。

停下来，想一想：当你还是个孩子的时候，游戏对你意味着什么？你玩的时候做了什么？你和谁一起玩？你最喜欢的玩具是什么？当感到无聊的时候，你运用丰富的想象力想到了什么？时至今日，作为一名成年人，某些事情极有可能仍然对你有吸引力，即使因为责任义务、日程安排和成年人的需要而淹没了它们。

想一想：为何成人涂色书会戏剧性地卷土重来。我过去喜欢涂色、玩魔方益智游戏、骑脚踏车和搞创作（我可以花几个小时从杂志上剪下图片和文字来制作拼贴画）。你猜怎么着？现在我仍然喜欢做这些事情，每周都努力腾出时间来玩。我丈夫和我会骑很长时间的脚踏车，探索新社区，或者在当地节假日去画廊欣赏艺术作品。

本周计划　享受玩耍

- **周一：** 为本周定下基调，花26分钟观看斯图尔特·布朗的精彩演讲，题为“玩耍不仅仅有乐趣”，他是研究玩耍的先锋。在他的演讲中，布朗谈到了玩耍的重要性，包括游戏、打闹和天马行空的想象。可以在早上观看一部分节目，晚上观看其余节目，或者可以将其分为今明两天看完，并将周二和周三的计划结合起来；这样可以很好地相互配合。

- **周二：** 回想自己曾经玩游戏的经历；当你还是个孩子的时候，玩耍是什么？作为青少年或者作为青年人，玩耍又意味着什么？独自一人时，你最喜欢的娱乐活动是什么？和朋友在一起时，又喜欢玩什么？哪项活动至今为止仍然吸引着你？请列出一张清单。

- **周三：** 作为成年人，你现在和谁一起玩耍？玩耍的意义和感受是什么样的？你能够安排与朋友、家人、同事或孩子一起玩耍吗？（带孩子去公园玩，这样你就有一个荡秋千的借口！）

- **周四：** 可以与学生一起玩耍以增进师生情感。一起玩耍时，接触学生的时间与相互配合就多了，通过语言、表情、眼神、肢体上的交流，师生关系也会变得融洽。另外，学生的潜意识中也会感到自己的主体地位，增强运动自信心，这对发展学生良好的人际关系也有着重要的意义。

- **周五：** 去玩吧！在这周末的美好时光里，做一些对你来说完全是玩耍的事情，即使只有15分钟。骑一次脚踏车，踢踢球，在厨房里开一场舞会，设计梦想之屋或是梦幻假期，或者参加对口型大赛，挑战一下自己。

思考一下，在学校里可以玩哪些游戏！毕竟，如果老师开心了，学生才有可能玩得开心。许多研究都已证实，“开心快乐不仅有益于学习，也是有效学习和保持记忆所必需的”。所以，不论是老师还是学生，可能都需要不定期的游戏来缓解工作或学习带来的压力。举行一场舞会，播放一些音乐，在课间和学生们一起跑步、打球，或者和他们一起上体育课！

本周思考

何时、如何将游戏纳入本周的日程安排？你选择了哪些选项？为什么？

对于腾出时间玩耍，你有什么感受？

你喜欢一个人玩还是和别人一起玩？本周你对游戏和自己有了怎样的了解？有什么惊喜的发现？

是否打算继续把游戏作为日常生活中的一部分？为什么？如何做？

第26周　电子邮件（第126—130天）

世界上有两种不同类型的人——一类人是收件箱里存有成千上万封的未读电子邮件，另一类人是不允许其收件箱里有一封未读邮件，否则便会寝食难安。你了解其中的原因吗？无论你属于其中哪一类人，还是介于两者之间，我们本周探讨的主题是同时对收件箱和心智进行管理。

你对（工作和私人）收件箱有何感受？对你而言，电子邮件是一种负担吗？是否让你感到难以承受？会使你感到压力倍增吗？这些邮件似乎可以自行增加，而不是由你做主，就好像收件箱能够控制你的生活。

请思考下面的问题：一个人每天查看电子邮件的次数可达数十次甚至数百次。现在，考虑一下“各个任务之间的不断转换会浪费掉一个人40%的工作时间”。就我个人而言，我属于第二类人，不允许收件箱里有一封未读邮件，正因如此，未读邮件就成为一种执念——只要看到有未读邮件的通知，我就立即处理。我很不好意思承认这一点，但很长一段时间以来，我都迫切需要立即回复收到的任何一封电子邮件，无论是在杂货店，还是在睡觉前，哎呀，甚至是在度假！当努力做出人生的重大改变以提高整体的幸福感时，我学习如何让电子邮件为我所用，而不是对我不利，这是我必须克服的障碍。

现在，我要掌控电子邮件，而不是让电子邮件控制我。在一天中指定的时间里查看电子邮件，选择何时回复，而不是人为地给自己设定一个“立即”的截止时间，这是不合情理的。允许自己在任何时刻（无论是在杂货店、阅读椅，还是在假期）都能全身心投入、活在当下。允许电子邮件到达收件箱后几分钟内没有回复。允许自己在工作日内使用24小时法则①。在周末使用72小时法则②。这样做不仅值得称道，而且也还你自由，使你从繁忙的生活中解脱出来。

本周计划 重新思考你与电子邮件的关系

- **周一：** 进行自我审核，确定每天查看电子邮件的次数。就像你之前在社交媒体上所做的那样，只需在便笺上记录一下就可以了。考虑一下你对结果的感受，如果想降低这个数字，那么原因是什么。

- **周二：** 考虑如何让你主宰邮件，而不是让邮件掌控你。你能安排一天中的特定时间来查看和回复电子邮件，而不是整天不停地查看吗？如果每天集中注意力花20分钟时间、分两次查看电子邮件，会怎么样？

- **周三：** 查看电子邮件的习惯。你能把电子邮件想象成一条短信吗，这样你的回复就更简短、更直接；你能在剪贴板上保留常用的句子开头、客套话和结语吗，这样你就可以复制和粘贴，而不用每次开始回

① 24小时法则：在互联网时代，24小时是企业响应危机速度的极限，坏消息将在24小时内扩散到全球每一个角落，造成各种误会和猜忌。——译者注

② 72小时法则：当下定决心要做什么事时，如果72小时内没去做，会做这件事的机率就趋近于零了。——译者注

复新邮件时重新输入一次。

- **周四：** 清理电子邮件！使用邮件垃圾箱清理垃圾邮件！这项（超棒的）服务可以帮你把订阅的内容进行筛选，并决定是否将其保留在收件箱中，还是取消订阅或者进行删除。对于选择汇总的电子邮件，你将每天收到一封电子邮件（你可以选择是否在上午、下午或晚上收到该电子邮件），其中包含你想要保留但又不想让收件箱淹没所有内容。该服务还持续监控你的电子邮件，并在发现任何新订阅时通知你，以便可以再次选择保留、删除或汇总。毫不夸张地讲，这真是工作的好助手。

- **周五：** 停止使用文件夹（当然，除非这对你有用）。对大多数人来说，将电子邮件拖到指定文件夹是一个事倍功半的步骤。当你需要的时候，如果被淹没在文件夹里，你很难找到想要的邮件。相反，使用标志、未读和固定功能，只需按日期、内容或发件人搜索即可找到所需内容。

本周思考

何时、如何管理本周的电子邮件？你选择了哪些选项？为什么？

对于掌控收件箱，你有什么感受？在此过程中，你从本周的电子邮件习惯中学到了什么？有什么惊喜发现？

能否将这些原则运用到发送短信、推文或社交媒体上？为什么这会增加快乐和幸福？是如何实现的？

是否打算继续把管理使用电子邮件的习惯融入日常生活，作为其中的一部分？

第27周　反思复盘（第131—135天）

了解了本周聚焦的行为习惯和其背后强大的理论支撑，我决定尝试一下。我发现它颠覆了我的认知。20分钟的复盘①（甚至5分钟的复盘）要求用20分钟（或5分钟，或10分钟，或任何你能抽出的时间）写下所经历的有益体验。研究表明，这种复盘式写作可以极大地提升幸福感，因为大脑会在写作并重读这段文字时，重新回味这种美好的经历。

我会详细描述过去24小时发生的一些有积极意义的事情。它或许有些凌乱而且很不完美，不像散文那样庄重正式；它更像是细节要点，但是很有效。在书桌上，我可以感受到真实生活中那种奇妙的感觉，发现自己奋笔疾书而且热情洋溢，因为身临其境——我就在那里（在我的脑海中），并且希望尽可能长时间地保留住这种感觉。也会在周末的时候，花时间再复盘一下我的所思所想，这样就有更多的机会用这些美好的时刻充实我的大脑。

本周计划　写下一些美好的东西

- **每天安排5—20分钟的安静时间：**也许可以尝试不同时间段来进

① “复盘”，围棋术语，又称“复局”，指对局完毕后，复演该盘棋的记录，以检查对局中招法的优劣与得失关键点。——译者注

行写作，看看早晨是否比下午更适合你，或者晚上是否是你最佳的写作时间。

- **记录最好的时刻：**想想你在哪里，和谁在一起，谁说了什么或做了什么，你的感受如何，为什么这一刻是高光时刻。意外收获是——感受这些美好人生的时刻，你会怀有感恩之心，我们知道感恩的力量是很强大的（详见本书第12周）。

- **也可以考虑和学生一起做这个活动：**如果没有整整20分钟的时间，仍然可以引导他们进行5分钟的活动，这样他们也会受益匪浅。

哇！你刚刚完成了另外9周的内容，并正式完成了整个计划日程的四分之三！我想再次让你停下来回顾过去9周的内容。在后文笔记页面上，用彩笔标出哪些计划和选择是适合你的，哪些需要更多时间进行调整，以及在这一旅程中你的感受。最重要的是，继续前进！你做得很棒。

本周思考

何时、如何将反思复盘纳入本周的日程安排？你也会抽出时间和学生一起做吗？学生感觉如何？

记录下美好经历让你感觉如何？之后，重温所写的文字，你的感悟是什么？每一次的感受都不同吗？

5分钟的写作时间感觉是长还是短？20分钟的写作时间呢？什么时间段是你的最佳写作时间？为什么？

是否打算继续把复盘人生中最精彩的部分融入日常生活中？为什么？如何做？

笔 记

CHAPTER 4

第四章

乱中有序，奋力冲刺

活力满满地结束一年的工作，而丝毫没有感到筋疲力尽、沮丧消沉或四肢乏力，这对我很有吸引力。所以，在十月、十一月和十二月期间，我格外努力关注自己的选择。学年工作也可以这样做，工作都是为自己做的。挑战自己，不违背对自己的承诺，全力投入到接下来9周的计划安排中，在便笺上写下提醒的话语，鼓励自己不断向前，并为自己加油鼓劲。

由于学期末诸事繁多、杂乱无章，因而每周制订计划，并且花点时间实施计划就显得尤为重要。你可以做到这一点，我知道你能做到。你也知道你能做到。你不会违背对信任你的人的承诺，所以，要下定决心，也不会违背对自己的承诺。今年，照顾好自己，把最好的精力和状态带到学校，奋力一搏、创造精彩的人生！

现在，请播放使你心情愉快的音乐，双脚跳跃或身体摆动，让自己更有活力，并激情四射地拼搏到底！

第28周 兴趣爱好（第136—140天）

我们中的很多人都有点（如果不是完全）沉迷于电子设备和网络上的视频，从而与艺术——爱好，失之交臂。根据心理学教授詹姆·L. 库茨的说法，爱好可以帮助我们更好地安排时间，有助于压力的缓解和新社交关系的培养，让我们变得更有趣！你有爱好吗？你是否有过感兴趣的事，但又在日常生活的繁忙中错失了？你希望有一个爱好吗？本周好好继续享受你的爱好，或开始培养一个新的爱好。

我最喜欢的事情之一就是读书。我对文字非常喜爱和痴迷，喜欢同一段时间阅读几本书（通常是小说、专业书和个人成长类书籍）。我一直喜欢读书，也总愿抽出时间读书。但是，曾有几年，我的阅读量明显比现在少很多。当我重新规划自己的习惯，摆脱了社交媒体、网络视频和其他分散注意力的事物对我的干扰后，我的阅读量比以往任何时候都多，我很感激能重新回归这个爱好。

准备开启这个计划时，你可以想想自己已经拥有或曾经拥有的兴趣爱好。你是如何发现自己喜欢的事情的？

本周计划 大胆尝试一个新爱好或好好享受一个已有的爱好

- **周一：** 如果确实有兴趣爱好，请思考一下，目前在这个爱好上投入了多少时间。这个时间够用吗？想抽出更多时间吗？如果目前没有兴趣爱好，就列出你感兴趣的所有事情和曾经有过的爱好。找出你想追求的是什么；确保这是让你兴奋激动的事情，而不是当作有义务去做的事情。尝试一些奇思妙想，或者一些比较独特的事物，如盆栽艺术、寻宝游戏、舞蹈（交谊舞、嘻哈舞、花绳舞）、击剑和折纸。

- **周二：** 安排好日程，为爱好留出时间；规划好每天、每周还是每两周坚持自己的爱好，并为自己留出时间——请不要心怀愧疚。
- **周三、周四和周五：** 现在就开始吧！坚守承诺，关掉电子设备，让自己有机会全身心投入到爱好中。如果需要准确的开始和结束时间，那就设置一个计时器。

本周思考

何时、如何将爱好纳入本周的日程安排？你做了全部选项的活动了吗？为什么？为什么不？

为爱好留出一定时间（或更多时间），你有何感受？

能够全身心投入到爱好中吗？还是会感到心烦意乱？如何才能全身心地投入到爱好中？

是否打算继续把爱好融入日常生活中？或者不断地寻找一个自己喜欢的爱好？

第29周　认知和思考（第141—145天）

通过参加一些活动保持思维敏捷，能够更好地帮你应对生活中不可避免的问题与挑战。事实上，“如果持有这种态度——相信压力是挑战而不是威胁，那么，你就能够更好地应对压力”。本周，关注的学习理念与考试分数或外部竞争无关；相反，你将尝试一些可以让思维变得更敏锐的方法。

创造机会，让我们的大脑处于高速运转的状态并保持这种状态。多动脑解决问题可以预防大脑相关疾病。我喜欢一个很棒（但很简单）的纵横填字游戏——《人物》杂志上面的“hello”游戏和纸牌游戏，而我的很多朋友都很喜爱和推崇“数独游戏”，这一游戏给他们带来了欢乐。其益处在于：当面对挑战时，注意力集中、专注于当下；当赢得胜利、完成任务时，甚至只是完成了大部分任务时，成就感便油然而生。

本周计划　锻炼大脑

- **学习新事物：**学习新事物有助于大脑保持敏锐。学习园艺，尝试定向越野运动，或者与朋友一起骑双人自行车。如果喜欢安静的活动，而且会编织，可以考虑刺绣、编织或制毯，木工活可能也很有趣。如果你经常读小说，可以尝试读一下非小说类的文字或书籍，反之亦可。或者考虑选择一本发生在某一地点或时间段的书，而你对此地点或时间段想要了解更多。《我是马拉拉：一位因争取受教育权而改变了世界的女孩》和《长路漫漫：一个童兵的回忆》是两部小说。以这两部小说为例，它们都讲述了与个人相关的经历，是有关个人成长、错综复杂的家庭关系以及失去的故事，但其中每部小说都与特定的时间、地点和一系列的文化冲突有着明显的联系。你可以去图书馆注册一个图书讨论小组成员，或者去当地的纤维艺术商店、社区中心或成人教育中心报班上课。一旦选择学习新事物，就要定期练习。挑战越新奇、越复杂，对大脑的益处就越大。

- **把会做的事情做得更好：** 也许现在还不是学习新事物的时候。相反，可以通过提高技能和知识来挑战你的大脑。例如，如果你会弹吉他，而又不想学其他的新乐器，那就努力学习弹奏一段新乐曲。如果经常独奏，你可以尝试着和一个乐队一起演奏。如果你是一名游泳运动员，可以微调向前划水的动作，打破百米游泳的个人最佳成绩！

- **记忆存储信息：** 如果喜欢这一计划，你可以从耗时短的事情上开始，然后逐步发展到所需时间更长或更具挑战性的事物。可以利用押韵和单词联想来加强记忆联系。

- **享受战略游戏和拼图游戏：** 花一些时间玩纵横填字谜，或玩棋盘游戏、纸牌游戏，或单词和数字游戏，如拼字游戏或“曼卡拉”游戏。如果没有纸质版本，这些游戏也都有应用程序，可以自行下载。

- **练习5个W：** 可以像记者或侦探一样思考，并且记录下日常经历的5个W——谁（Who）、什么（What）、何时（When）、何地（Where）和为什么（Why）。记录和捕捉这些视觉化的细节可以刺激神经元，使之保持兴奋。列出的内容可以像下面这样简单。

  ○ 和谁——我丈夫

  ○ 什么事情——外出就餐

  ○ 什么时间——4月16日

  ○ 什么地点——丹佛市萨托斯饭店

  ○ 什么原因——我们今晚都不想做饭——真是一顿大餐！

- **走一条人迹罕至的路：** 选择一条新路线去上班；用不常用的那只手去尝试吃东西或刷牙；或者换个方式分头发，可以试着把头发分向另一边。以这种方式改变习惯，会创造新的大脑神经通路。

本周思考

何时、如何将锻炼大脑纳入本周的日程安排？你选择了哪些选项？为什么？

本周你发现新的激情或兴趣爱好了吗？

你能够全身心投入到大脑锻炼中吗？还是本周计划对你不起作用？

是否打算继续把保持头脑敏锐作为日常生活中的一部分？

第30周　转换（第146—150天）

从一项任务、一个事件或一种心态转换到另一场景，这可能会很困难。然而，作为教师，我们每天都面临着这样的挑战。事实上，“每天，人们都会因为转换管理不当而损耗了大量的注意力、意志力和情感能量”。本周，我们将进行有目的的训练，学习如何进行转换管理。我在布兰登·伯查德所著的《高效习惯》一书中读到这一做法时，就立即付之行动，结果令我震惊。对每一天的每一次转换都时刻留意，会让我的生活焕然一新，这毫不夸张。

我清楚自己最难转换的情况之一是在完成研讨会之后。因为在培训期间，我的肾上腺素在不断飙升，心跳加快持续数小时，所以当我告别参会者，坐上出租车时，我就像泄了气的皮球，疲惫不堪。因为我没有办法结束上一个工作状态并转换进入到晚间活动状态。所以，做出的选择与我的总体目标不一致，尤其是与我的健康和幸福目标不一致。到机场坐飞机时，我常常有无法满足的饥饿感，很容易抵挡不住美食的诱惑，会毫不犹豫地点份炸薯条，结果在吃完后几分钟就后悔了。我就带着这种负面情绪，对美国国家运输安全管理局制定的各种管理规定和其他人不满，这让我感到非常沮丧，因为尊重和善待他人是我的核心价值观。当学会如何使用技巧管理重大转换（以及每天的各种小转换）时，就能够与自己的核心价值观以及与健康和幸福的个人承诺保持一致。下面，我向大家展示一下这个技巧。

当你准备好实施本周计划时，可以开始思考一天中所经历的所有转换。以下内容选自伯查德著作的内容。

本周计划　管理转换

• **考虑典型转换：** 思考一下你的转换。找一张纸，或在电脑上打开Word文档，写下每天和每周的常规转换。工作和回家这样的情况也可以出现在清单上。在学校中需要转换的情况有哪些？这可能会特别难：学生从不同活动中进行转换或者从不同学科中进行转换，他们会感到无所适从、困扰不已。从一天的学校活动转换到会议工作上来又会怎样呢？此外，在学校中，你不仅需要对自己的转换进行管理，还必须帮助学生管理好他们的转换。

• **反思转换，拓展视野，并做回答：** 在记录常规转换之后，反思并回答关于转换的以下问题：

（1）哪些转换对你来说最困难？你认为是什么让它们如此困难？有哪种转换让你感觉像是微风拂面一样惬意舒适？为什么会

这样？

（2）你是否曾将一项活动中产生的负面能量带到了下一项活动中？

（3）你是否曾经累得精疲力竭，但仍然马不停蹄地投入到下一项活动中，即使你知道应该休息一下？

（4）一天中忙碌的时间越长，你就越会顾及不到欣赏生活的美好和他人的存在，对吗？

现在，请保留这些关于典型转换的书面思考，并反思你生活中更大的转换。最近搬新家了吗？收养新宠物了吗？孩子离家上大学了吗？更大的生活转换如何影响每日和每周的典型转换？例如，学生的捣乱和吵闹行为让你感到痛苦，这是否是由于最近你思念自己的孩子，甚至是思念孩子的出格行为所致？如果意识到，生活中更大的转换可能会使日常的转换变得困难，你会如何应对？

• **拓展对转换的反应：**有时，对因果关系的简单觉察就可以帮助你减轻转换带来的压力，有时需要在日常生活中添加有意义的活动来使自己平静下来。当完成一项重要的活动并开始另一项活动时，参考以下3个步骤：

（1）闭上眼睛一两分钟。

（2）在你的脑海中一遍又一遍地重复“放松”这个词。这样做的时候，放松肩膀、颈部、脸和下巴。做这样的动作时，不断重复说着“放松”这个词。当你感觉自己释放了一些紧张情绪（不一定非得全部释放）时，请进入第三步。

（3）设定一个意图。你想要什么感受？你想在下一个活动中完成什么？问问自己，你想在下一个活动中投入什么能量。

本周的每一天都要有意识地练习上述3个步骤。

- **帮助学生转换：**与学生谈论他们生活中的转换。哪些转换对他们来说最难？为什么？哪些转换对你来说很难？你可能会让幼儿园的孩子们围成一个圈，每个孩子画一幅关于自己最喜欢的活动的画，分享他们的图画，并引导他们对话，讨论为什么转换到下一个活动很难但又是必要的。你能提前一两分钟下课，邀请高中生与你一起练习阿底亚·巴夫萨尔的平静技巧吗？起初，他们可能会翻着白眼，对此满眼不屑。但更大的可能性是，他们发现，在做其他事情之前有意识地放松片刻，这种做法是有用、有价值的。

本周思考

何时、如何将转换管理纳入本周的日程安排？你选择了哪些选项？为什么？

管理自己的转换是否有助于更好地应对压力？是否有助于你在这一刻做得更好？怎么做到的？

从管理转换或帮助学生管理他们的转换中你还学到了什么？你是否注意到周围的人——你的学生和家人发生的变化？

是否打算继续把管理转换融入到你的日常生活中？为什么？如何做？你还有其他想要继续管理的转换吗？

第31周 用心倾听（第151—155天）

在这样一个通过短消息、表情符号进行交流的新媒体时代，我担心当进行面对面交谈时，我们可能会失去“像聆听天籁之声一样倾听”的能力。想想上一次你真正感受到被认真倾听的时刻，那是一份多么美好的礼物啊。当有人放下手中的电子产品，看着你的眼睛，俯下身来，朝你点头微笑，而不是打断你的时候，这会让你觉得自己是全世界最重要的人。那真是一份令人难以置信的特殊礼物。雷切尔·内奥米·雷曼说：“与他人沟通的最基本、最有效的方式是倾听，只是倾听。也许我们给予对方的最重要的东西就是我们的关注。”

当和朋友或家人外出时，我会有意识地努力让手机远离自己，目的就是尽我所能成为一名最好的倾听者。我努力倾听，不去打断对方（这对我来说很难）。我试着问一些深思熟虑的问题，并总是对别人与我分享的一切表示感谢。我与他人建立的关系比以往任何时候都更加牢固，这一点对我很重要。

本周计划 只是倾听

- **与同龄人交流：**至少选一位同事或朋友联系、交流，在本周安排时间约他（她）出来喝杯咖啡（或共进晚餐、午餐或一起散步）。当与那位朋友一起聊天时，给他（她）一份“像聆听天籁之声一样倾听”的礼物。事先，想一想跟这位朋友聊天时问哪些合理的、开放式的问题。

本周你将与谁联系？

记下将提出的开放式的问题，以便对话时使用。

• **与学生交流：** 至少选择一名学生，安排时间与他们进行交流（可能在午餐或课间休息期间，也可能在放学前后）。当和学生在一起交流的时候，给他（她）一份“像聆听天籁之声一样倾听”的礼物。事先，想一想跟这名学生交流时问哪些合理的、开放式的问题。

本周你将与哪名学生联系？

记下将提出的开放式问题，以便对话时使用。

本周思考

何时、如何将用心倾听纳入本周的日程安排？你对谁会全神贯注地倾听？为什么？

当“像聆听天籁之声一样倾听”时，你觉察到了什么？当与同龄人和学生交流时，你注意到有什么不同吗？

当把这份“礼物”送给你关心的人时，你有什么感受？提前准备开放式问题对你有帮助吗？和别人讲话时，记下自己多长时间会有打断别人讲话的冲动。

是否打算继续把用心倾听融入到你的日常生活中？为什么？如何做？

第32周　写日记（第156—160天）

从记事起，我就一直手写日记。这是我处理挑战的方式：在日记里，我记录每天的感激之情和点滴想法；在日记里，也记录下我新的想法、最喜欢引用的句子、20分钟的复盘、失败与挫折以及有趣的回忆。手写日记给我奠定了良好的心理基础，帮助我减轻压力和焦虑。有研究表明，像我这种情况并不是个例。心理学家兼研究员詹姆斯·彭尼贝克解释道："把压力事件写下来有助于接受这些压力，可帮助你管理压力，从而减少这些压力源对你身体健康的影响。"写日记也有助于我们管理焦虑和抑郁情绪（新泽西州罗切斯特大学医学中心）。

即使认为自己不是作家，手写日记仍然益处多多。科学研究表明，手写日记还有其他好处，比如：可以厘清想法和感受，帮助你更好地了解自己，帮助你减轻压力，或者更有效地解决问题，并且可以帮助你更容易解决与他人的分歧。不要担心拼写、标点符号或语法错误。写日记不像写文章或做作业，就是把你的想法从脑海中抓取出来。你要做的就是写点什么，不管是用什么写（在纸上或电子设备上）。在一段独处的时间，有意愿放手去写。以下选项来自罗切斯特大学医学中心。

本周计划　只是写

- **安排一个时间段写东西，试着每天都写：** 每天留出一个特定的时间段写日记。是利用早上的时间写上几分钟，还是在午休时或每晚睡觉前写？要时刻关注时间，把其当作是送给自己的礼物，然后用该时间段写点东西！

- **做好准备：** 可以选择一个觉得舒服的笔记本来写日记。是想要彩色封面的，还是用自制手工装订的日记本？或许想要一个简单、普通的螺旋装订笔记本？一旦有了日记本，就可以把本子和笔放在手边，这样当你想要记下感想时，就可以写了。你也可以把日记写在电脑文档中。如果你有便携式设备，也可以随时打开，写下你的日志。

- **写你想写的东西：** 你的日记不需要遵循任何特定的结构，虽然也可以遵循。尝试不同的写作模式，可以只写在自然界中一天内看到的东西，写你的梦想，或者集思广益写出解决当前困扰你的问题的方法。或者让单词自由流动，而不必担心拼写错误或其他人的想法。这是你自己的私人领地，可以写你想写的任何东西。

- **随心所愿地使用日记内容：** 不必与任何人分享你的日记，但是如果发现喜欢自己写的东西，可以考虑把它改成一篇文章、一封信或一篇博客。如果你确实想和信任的朋友或爱人分享一些感想和心得，但又不想让他们全部知道，可以给他们看日记的其中一部分。

本周思考

何时、如何将写日记纳入本周的日程安排？你选择了哪些选项？为什么？

本周，你多久写一次日记，每次写多长时间？花时间写日记的挑战是什么？或者写日记本身的挑战是什么？

对于写日记，你有什么感受？写日记对于一名教师和你个人而言有什么好处？

是否打算继续把写日记融入到你的日常生活中？为什么？如何做？

第33周 亲近自然（第161—165天）

如果有一种神奇的药物几乎可以立即舒缓压力，你会服用吗？如果我说甚至不需要服药就可以舒缓压力，你相信吗？只需要走出去！太神奇了，对吧？本周，你要走出去。就是这样，去公园、去森林、去后院或去操场。

弗洛伦斯·威廉姆斯在其引人入胜的著作《自然的修复：为什么大自然让我们更快乐、更健康、更有创造力》中讲到，当我们被困于室内时，实际上正在损害我们的身心健康。相反，请记住这一点：我们感受和亲近大自然越多，感觉就会越好。就是这样！即使在树林里待15分钟也能降低应激激素皮质醇；如果与大自然有45分钟的近距离接触，你的认知能力也会相应提高。

亲近大自然还会帮助我们感受到比我们自己更伟大的事物，而这种需求是我们自我关爱阶梯的最高层次。当凝视外部世界的奇迹时，我们充满了难以置信的敬畏之情。

我很幸运，生活在美国美丽的科罗拉多州，而且我会尽量地外出走走。在家的每一个清晨，我都会带着宠物狗哈利在炎热的烈日下、呼啸的大风中或是在松软的雪地里散步。在早晨散步遛狗，在山麓小径上徒步旅行，骑自行车在城市和山间的多条小径上穿梭。我更愿意在大自然中运动，从而让身体产生内啡肽[①]，而不是待在健身房里健身（尽管在天气特别恶劣的时候，我也会在健身房的跑步机上走上几千米）。在户外时，我会尽量把手机收起来，也很少使用耳机。努力让所有的感官都参与到户外的体验中，尤其是听觉。我非常喜欢呼吸山上的新鲜空气，感受阳光（或风、雨、雪）给我脸上带来的轻抚，使自己全身心投入在大自然中，暂时脱离繁忙的工作与生活。本周的主题是走出户外，享受美好的户外生活——无论是草坪、城市公园还是乡间小路。

本周计划　本周每天去户外，至少15分钟

- **散步：** 早上、午休时或放学后，出去散散步。请放下所有的电子设备（但请考虑安全问题）。自己一个人散步，或找一个伙伴（最好是四条腿的）。如果可以的话，也许可以把鞋脱了。
- **休息：** 坐在草地上，靠着树，或者直接躺下。在外面休息的感觉如何？
- **进食：** 在户外喝早茶，或在户外野餐。
- **留意：** 睁大眼睛，留意周围的细节。然后试着闭上眼睛，让其他的感官参与进来。对周围的一切，你都听到了什么？感觉到了什么？闻到了什么？

① “内啡肽”，亦称安多芬或脑内啡，是一种脑下垂体分泌的类吗啡生物化学合成物激素，往往运动过后身体会产生内啡肽。——译者注

- **呼吸：** 做做深呼吸。你可以回顾一下第9周的内容，回忆一下是如何做的。

- **带学生到户外去：** 能在户外进行短时间的教学吗？还是散步5分钟，让大脑休息一下？当走出教室一小会儿时，你注意到学生会有什么变化？

- **尝试去做：** 在公园、森林、海滩、山林和乡村小路上走走（这取决于你居住的地方）。你是喜欢去附近的地方，还是喜欢开车去很远的另一个地方？

本周思考

何时、如何将户外活动纳入本周的日程安排？你选择了哪些选项？为什么？

关于你自己，有什么发现？关于你与自然的关系，又有什么发现？在户外与大自然亲近时，你有什么感受？

走到户外去的挑战和好处是什么？

是否打算继续把每天或每周的户外时间融入到你的日常生活中？为什么？如何做？

第34周 早间生活（第166—170天）

目前，你早晨的常规活动是什么？早上感觉如何？早上的挑战是什么？你希望能改变早上的习惯吗？对我们中的许多人来说，早晨特别具有挑战性。起床很难，要做的事情太多，其他人（孩子、配偶，甚至宠物）离不开我们，这些都可能会让我们脱离正常的生活轨道。但是，挑战还在继续。

过去，我非常讨厌早晨。总的来说，我不是早起的人。起床后的30分钟左右，我总是心情烦躁，这一点我丈夫可以作证。直到现在，这种烦躁的情绪也没有消失。但是，我学会了调整自己的情绪，让自己在早上可以平静地进入正常状态，而不是像之前那样匆忙又慌乱。我是这样做的：从闹钟铃声响起到早上出门到我要去的地方，我给自己留出至少两个小时的时间。

我知道，的确如此——整整两个小时听起来可能很荒谬，但对我来说很管用。“以何种方式开始一天的工作对你一整天的工作状态和目标的完成都有很大影响”。早上有充足的时间，我就能够投入到常规活动中并养成好习惯，这对我一天的顺利至关重要。我可以活动活动身体（要么健步走，要么舒展筋骨，要么做做瑜伽），在日记中列出感恩清单以及记录下自己的想法，在喝咖啡之前我先大口喝水，然后进行冥想。下面是我每天早晨要做的4件事：活动、写作、大口喝水、冥想。围绕这些事努力构建肌肉记忆，所以甚至不必去想怎么做，做就好了。

良好的早间习惯的养成通常源自晚上精心安排的好习惯，所以也要考虑一下在前一天晚上可以采取哪些步骤为早晨做好准备。第3周的内容（见本书第031页），可以帮助你简化晚上的日常工作。

本周计划　改变早间作息安排

- **从小处着手：** 可以通过计划，安排早晨的时间。决定早上愿意抽出时间做什么事，决定需要多长时间来做这件事，就能提前设定闹钟了。也许，你可以从周一早起10分钟这件小事开始，这样你就可以独享在沙发上喝咖啡的美好时光，或者你想用这10分钟的时间来准备这一天的午餐。

- **从小事起步走向成功：** 随着时间的推移，你可以从小事开始，不断努力（最终比平时提前25—30分钟起床），用腾出的时间来看一段鼓舞人心的视频、散散步、练习深呼吸，或读书消遣一下。

本周思考

何时、如何将改变早间作息纳入本周的日程安排？你选择了哪些选项？为什么？

本周你最喜欢的早间（或晚间）常规活动变化是什么？

重新思考早上的常规活动的挑战和收获是什么？

是否打算继续早上（或晚上）的常规活动？为什么？为什么不？

第35周　积极休息（第171—175天）

虽然设定目标、积极进取和（以健康的方式）紧张忙碌很重要，但是休息也是非常重要和必要的。请不要感到丝毫的愧疚。我们的大部分时间和大脑空间充斥着各种工作、待办事项、责任义务、各种活动和各种担心，以至于我们很少有时间休息。

休息不同于睡眠（当然这两者是相互关联的；关于睡眠的重要性，请参阅第3周的内容）。休息是在清醒着的状态下放慢速度。据作家蒂姆·克雷德所言，“闲散不仅仅是一次假期、一种放纵或一个恶习；它之于大脑就像维生素D之于身体一样不可或缺，如果缺少了它，就会导致我们精神上的‘软骨病’。”

我们很多人不能很好地休息。相反，我们觉得有必要时刻保持清醒，并每时每刻都在忙碌着。告诉你，我也经常落入这个陷阱，请相信我，因为我总是把生产效率与成功联系在一起，并且不得不努力工作，让自己忙碌起来，把空闲时间占满，从而不让自己感觉在退步。人们在这方面做着有益的尝试，研究人员称之为“休息不是懒惰”，而《科学美国人》阐述道，“实际上，休息对于我们确认身份、理解人类行为并接受道德准则的心理过程起着至关重要的作用”。

因为我有意识地采取了一些措施来克制对电子设备的依赖，所以能够更好地、有目的地进行休息，使自己保持清醒或更加积极的休息。作为一个容易焦虑的人，我可以证明休息是缓解焦虑的一剂良药，让我感觉更加平静、更加专注，从而能够更加自信地应对下一个挑战。

本周计划　享受当下，积极地寻找休息的机会

- **周一和周二：** 在周一和周二有意识地活在当下。具体方法如下：

（1）在一天中指定一个特定的时间，专注于眼前的事情。

（2）每当你的思想试图游离时，把它带回当下；你可以对自己说："我以后再去关注那件事。"

（3）问问你自己听到了什么、看到了什么、尝到了什么、感觉到了什么、闻到了什么，让自己时刻关注当下。

- **周三：** 今天专心进行正念饮食。尝试以下的一些技巧：

（1）在吃饭之前，花一两分钟时间简单地欣赏一下面前的食物。

（2）需要调动所有的感官去感受此刻品尝的每一口食物。注意食物的颜色、口感、气味、调味，以及食物在嘴里和吞咽时的感觉。

（3）咬一小口，仔细咀嚼，慢慢品尝（每咬一口食物后，放下餐具）。

- **周四和周五：** 在周四和周五安排30分钟的放松时间。你可以在窗

户旁静静地坐着；让思想自由地游荡和休息，或者可以进行如下放松活动：

（1）品尝一杯茶（或任何其他的非刺激性饮料）。

（2）凝视窗外。

（3）坐在外面，看着人来人往。

（4）冥想和反思你现在所感恩的事情。

（5）翻阅一本自己喜欢的书。

（6）闭上眼睛，享受阳光。

本周思考

何时、如何将积极休息纳入本周的日程安排？你选择了哪些选项？为什么？

本周你最喜欢的休息方式是什么？为什么？

积极休息的感觉如何？本周允许自己休息时，所面对的挑战和得到的收获是什么？

是否打算继续把积极休息融入到你的日常生活中？为什么？如何做？

第36周　愿望清单（第176—180天）

最后一周（你成功做到了！），你将创建一份夏季目标清单。需要注意的是，如果本周末不是夏季，那也没关系；你只需为下一季制订一份愿望清单。读完本书标志着我们在一起的时光就要结束了，同时也标志着你即将开始下一轮的训练，请将所学到的关于认识自己的一切以及全部（或部分）新习惯和新方法付诸实践！该清单的目的是为了给你带来快乐和更高的期待。因此，请每天留出几分钟的时间完善清单。

本周计划　制订愿望清单

- **快乐的愿望清单：**

○ 骑自行车。

○ 做侧手翻。

○ 放风筝。

○ 去汽车电影院。

○ 去野餐。

○ 打水仗。

○ 在草坪的洒水器下冲凉玩耍。

○ 双手抱膝跳入泳池。

○ 在吊床上休息。

○ 在车库拍卖或家庭财产拍卖会上买东西。

○ 吃刚从烤架上拿下来的热狗。

○ 追赶冰淇淋车（或自己动手做冰棍）。

- ○ 去农贸市场。
- ○ 贴一次性文身。
- ○ 参观图书馆。
- ○ 捉萤火虫。
- ○ 去露营。
- ○ 在水坑中跳跃。
- ○ 画画。
- ○ 去做志愿者。
- ○ 种植花卉或者播种，栽培一年生植物、多年生植物或蔬菜。
- ○ 去从未去过的地方旅行。
- ○ 在正餐时吃早餐的食物。
- ○ 赤脚度过一天。
- ○ 去钓鱼。
- ○ 享用热带风味饮料。
- ○ 玩飞盘、跳房子、打威浮球或排球。
- ○ 参观游乐园。
- ○ 参加棒球比赛。

是啊，哈哈！我的朋友，你做到了！你能相信吗？我为你感到骄傲！在结束之前，请即刻停下来，跳一支快乐开心的舞蹈！跳完了？很好！现在，我请你再次停下来，思考一下过去的9周，思考一下是什么挑战让你的生活发生了翻天覆地的变化，思考一下你想再做一次的尝试是什么，以及在这180天之后生活发生的变化。像以前一样，你可以把自己的想法记录在第160页的笔记页上。

本周思考

何时、如何将夏季任务清单纳入本周的日程安排？你选择把什么添加到清单中？为什么？

下一季你最期待的是什么？

创建清单的感觉如何？如果存在问题和困难的话，是什么让你制订或完成夏季任务清单变得困难重重？你是如何提前安排，克服这些挑战的？

你是如何把夏季清单运用在下一季的生活或学年里的？（详见后文结语，汲取灵感。）

笔 记

Epilogue

结语

制订你的自我照顾计划

现在，你已经花了180天的时间深入地了解了什么对你起作用，什么对你不起作用，我请你制订一个清单，列出你对自己承诺的事情、计划和目标。清单可长可短，由你自己决定。

在接近尾声时，请回想一下，在过去180天里所做的一些尝试。你花费时间考虑饮食和睡眠，制订了活动清单并采取了行动！你学会了如何转换，并参加了户外运动。你已经很好地处理了社交媒体和电子邮件，学会了如何说不，以及如何寻求帮助。你运用了“1分钟法则”，做了有利他人的行为，练习了感恩，让自己笑了起来。哇！你已经走完了一段相当长的成长旅程，而且毫无疑问，相比其他阶段，有些阶段对你本人来说效果更好。你可能会有一些遗憾，或者希望能在某些方面有所改观。但幸运的是，你的发挥空间是无限的！你可以随时以任何方式重新开始。也许你想从下一学年起从头开始。也许你想重温某几周，尝试不同的选择。也许你想继续坚持做下去，保持那些给你带来最大改观的好习惯。选择权在你自己手中！

写出10项承诺可以打造一个使人感觉坚实的起点，但或许是5项核心法则或者是25项承诺能让你的行动更快速有效。你也可以创建一份永久清单，或者为自己喜欢的事情创建特定年份的清单。例如，2019年，我给自己列出2019年要做的19件事的清单。因为我会继续不断地了解自己，学习新的技巧和策略，所以我每年都会重新制订。

以下是我自己2020年的清单列出的20件事。

1. 每天阅读。

2. 每天至少喝2升水。

3. 好好睡觉，并一以贯之。

4. 每天走10000步，每周至少走5天。

5. 每周至少拿出3天时间做瑜伽、练举重或骑自行车。

6. 每周与丈夫约会一次，度过一个不受外界打扰的夜晚。

7. 少用智能手机上网浏览视频和网页。

8. 像初来乍到的好奇的游客一样，探索丹佛市。

9. 独自一人旅行，自娱自乐。

10. 每天早晨进行冥想。

11. 选择富含健康脂肪和蛋白质的食物；限制糖的摄入量。

12. 每天拍一张照片，表达感恩之情。

13. 多在家吃饭，少出去吃饭。

14. 学做一道新菜。

15. 读更多的诗歌。

16. 开始着手准备下一本书。

17. 写更多的感谢卡。

18. 拥抱无聊。

19. 吃东西时，保持正念，不要分心。

20. 对自己信守诺言。

你也可以考虑为新学年选择一个主题词或短语。今年我的主题词是“势不可挡”。在过去，我自己选择了转变、感恩和成长。我也知道其他人选择了简单、放松、玩耍、平衡、专注和冷静。

旅程回顾

经历了这36周之后，请留出时间对这次180天的成长旅程进行最后总结。还记得在你开始这次旅程之前，我曾请你反思你对自我的关爱感到满意吗？请看看你在引言中写下的笔记，再想想你现在的感受。从积极的角度，它们之间有什么不同吗？你可以选择自由、随心地写点东西，或者可以回答一下我提到的以下几个问题。

反思一下，对自我关爱的最初满意度（从1—10分）。现在，你会给自己打几分？在综合健康状况和幸福感方面，最大的不同是什么？

你想做出什么样的改变？你可以做到吗？

目前在你的生活中，哪些事物给你带来了快乐？这和我第一次问你这个问题时，带给你快乐的事物是一样的，还是有所不同？

谁是你成长旅程的支持者？他们是如何支持你的？你如何表达你的感激之情？

对这项工作，你最大的愿望是什么？你的目标实现了吗？

回顾过去的180天，你觉得最自豪的事情是什么？

你在这项工作中最大的挑战是什么？你从中学到了什么？

最令你感到兴奋的事情是什么？对你来说，哪些新养成的习惯和行为是最重要的，或者对你影响是最大的？

在下一个180天之后，你觉得“自我照顾”将会是什么样子？你如何信守自己的诺言？

关于这次旅程，你还想记录什么事情？在此处，可以记录任何其他的想法。

笔记

"常青藤"书系—中青文教师用书总目录

	书名	书号	定价
	特别推荐——从优秀到卓越系列		
★	从优秀教师到卓越教师：极具影响力的日常教学策略	9787515312378	33.80
★	从优秀教学到卓越教学：让学生专注学习的最实用教学指南	9787515324227	39.90
★	从优秀学校到卓越学校：他们的校长在哪些方面做得更好	9787515325637	59.90
★	卓越课堂管理（中国教育新闻网2015年度"影响教师的100本书"）	9787515331362	88.00
	名师新经典/教育名著		
	最难的问题不在考试中：先别教答案，带学生自己找到想问的事	9787515365930	48.00
	在芬兰中小学课堂观摩研修的365日	9787515363608	49.00
★	马文·柯林斯的教育之道：通往卓越教育的路径（《中国教育报》2019年度"教师喜爱的100本书"，中国教育新闻网"影响教师的100本书"。朱永新作序，李希贵力荐）	9787515355122	49.80
★	如何当好一名学校中层：快速提升中层能力、成就优秀学校的31个高效策略	9787515346519	49.00
★	像冠军一样教学：引领学生走向卓越的62个教学诀窍	9787515343488	49.00
	像冠军一样教学 2：引领教师掌握62个教学诀窍的实操手册与教学资源	9787515352022	68.00
★	如何成为高效能教师	9787515301747	89.00
★	给教师的101条建议（第三版）(《中国教育报》"最佳图书"奖)	9787515342665	49.00
★	改善学生课堂表现的50个方法（入选《中国教育报》"影响教师的100本书"）	9787500693536	33.00
	改善学生课堂表现的50个方法操作指南：小技巧获得大改变	9787515334783	39.00
	美国中小学世界历史读本 / 世界地理读本 / 艺术史读本	9787515317397等	106.00
	美国语文读本1-6	9787515314624等	252.70
	和优秀教师一起读苏霍姆林斯基	9787500698401	27.00
	快速破解60个日常教学难题	9787515339320	39.90
★	美国最好的中学是怎样的——让孩子成为学习高手的乐园	9787515344713	28.00
	建立以学习共同体为导向的师生关系：让教育的复杂问题变得简单	9787515353449	33.80
	教师成长/专业素养		
	教师的专业成长与评价性思考：专业主义如何影响和改变教育	9787515369143	49.90
	精益教育与可见的学习：如何用更精简的教学实现更好的学习成果	9787515368672	59.00
	教学这件事：感动几代人的教师专业成长指南	9787515367910	49.00
	如何更快地变得更好：新教师90天培训计划	9787515365824	59.90
	让每个孩子都发光：赋能学生成长、促进教师发展的KIPP学校教育模式	9787515366852	59.00
	60秒教师专业发展指南：给教师的239个持续成长建议	9787515366739	59.90
	通过积极的师生关系提升学生成绩：给教师的行动清单	9787515356877	49.00
	卓越教师工具包：帮你顺利度过从教的前5年	9787515361345	49.00
★	可见的学习与深度学习：最大化学生的技能、意志力和兴奋感	9787515361116	45.00
	学生教给我的17件重要的事：带给你爱、勇气、坚持与创意的人生课堂	9787515361208	39.80
★	教师如何持续学习与精进	9787515361109	39.00
	从实习教师到优秀教师	9787515358673	39.90
	像领袖一样教学：改变学生命运，使学生变得更好（中国教育新闻网2015年度"影响教师的100本书"）	9787515355375	49.00
★	你的第一年：新教师如何生存和发展	9787515351599	33.80
	教师精力管理：让教师高效教学，学生自主学习	9787515349169	39.90
	如何使学生成为优秀的思考者和学习者：哈佛大学教育学院课堂思考解决方案	9787515348155	49.90
	反思性教学：一个已被证明能让教师做到更好的培训项目（30周年纪念版）	9787515347837	59.90
★	凭什么让学生服你：极具影响力的日常教育策略（中国教育新闻网2017年度"影响教师的100本书"）	9787515347554	39.90
	运用积极心理学提高学生成绩（中国教育新闻网2017年度"影响教师的100本书"）	9787515345680	59.90

	书名	书号	定价
	可见的学习与思维教学：成长型思维教学的54个教学资源：教学资源版	9787515354743	36.00
★	可见的学习与思维教学：让教学对学生可见，让学习对教师可见（中国教育报2017年度“教师最喜爱的100本书”）	9787515345000	39.90
	教学是一段旅程：成长为卓越教师你一定要知道的事	9787515344478	39.00
	安奈特·布鲁肖写给教师的101首诗	9787515340982	35.00
	万人迷老师养成宝典学习指南	9787515340784	28.00
	中小学教师职业道德培训手册：师德的定义、养成与评估	9787515340777	32.00
	成为顶尖教师的10项修炼（中国教育新闻网2015年度“影响教师的100本书”）	9787515334066	49.90
★	T. E. T. 教师效能训练：一个已被证明能让所有年龄学生做到最好的培训项目（30周年纪念版）（中国教育新闻网2015年度“影响教师的100本书”）	9787515332284	49.00
	教学需要打破常规：全世界最受欢迎的创意教学法（中国教育新闻网2015年度“影响教师的100本书”）	9787515331591	45.00
	给幼儿教师的100个创意：幼儿园班级设计与管理	9787515330310	39.90
	给小学教师的100个创意：发展思维能力	9787515327402	29.00
	给中学教师的100个创意： 如何激发学生的天赋和特长 / 杰出的教学 / 快速改善学生课堂表现	9787515330723等	87.90
	以学生为中心的翻转教学11法	9787515328386	29.00
	如何使教师保持职业激情	9787515305868	29.00
★	如何培训高效能教师：来自全美权威教师培训项目的建议	9787515324685	39.90
	良好教学效果的12试金石：每天都需要专注的事情清单	9787515326283	29.90
★	让每个学生主动参与学习的37个技巧	9787515320526	45.00
	给教师的40堂培训课：教师学习与发展的最佳实操手册	9787515352787	39.90
	提高学生学习效率的9种教学方法	9787515310954	27.80
★	优秀教师的课堂艺术：唤醒快乐积极的教学技能手册	9787515342719	26.00
★	万人迷老师养成宝典（第2版）（入选《中国教育报》“2010年影响教师的100本书”）	9787515342702	39.00
	高效能教师的9个习惯	9787500699316	26.00
	课堂教学/课堂管理		
★	像行为管理大师一样管理你的课堂：给教师的课堂行为管理解决方案	9787515368108	59.00
	差异化教学与个性化教学：未来多元课堂的智慧教学解决方案	9787515367095	49.90
	如何设计线上教学细节：快速提升线上课程在线率和课堂学习参与度	9787515365886	49.00
	设计型学习法：教学与学习的重新构想	9787515366982	59.00
	让学习真正在课堂上发生：基于学习状态、高度参与、课堂生态的深度教学	9787515366975	49.00
	让教师变得更好的75个方法：用更少的压力获得更快的成功	9787515365831	49.00
	技术如何改变教学：使用课堂技术创造令人兴奋的学习体验，并让学生对学习记忆深刻	9787515366661	49.00
	课堂上的问题形成技术：老师怎样做，学生才会提出好的问题	9787515366401	45.00
	翻转课堂与项目式学习	9787515365817	45.00
★	优秀教师一定要知道的19件事：回答教师核心素养问题，解读为什么要向优秀者看齐	9787515366630	39.00
	从作业设计开始的30个创意教学法：运用互动反馈循环实现深度学习	9787515366364	59.00
	基于课堂中精准理解的教学设计	9787515365909	49.00
	如何创建培养自主学习者的课堂管理系统	9787515365879	49.00
	如何设计深度学习的课堂：引导学生学习的176个教学工具	9787515366715	49.90
	如何提高课堂创意与参与度：每个教师都可以使用的178个教学工具	9787515365763	49.90
	如何激活学生思维：激励学生学习与思考的187个教学工具	9787515365770	49.90
	男孩不难教：男孩学业、态度、行为问题的新解决方案	9787515364827	49.00
★	高度参与的线上线下融合式教学设计：极具影响力的备课、上课、练习、评价项目教学法	9787515364438	49.00
★	跨学科项目式教学：通过“+1”教学法进行计划、管理和评估	9787515361086	49.00
	课堂上最重要的56件事	9787515360775	35.00

	书名	书号	定价
★	全脑教学与游戏教学法	9787515360690	39.00
★	深度教学：运用苏格拉底式提问法有效开展备课设计和课堂教学	9787515360591	49.90
★	一看就会的课堂设计：三个步骤快速构建完整的课堂管理体系	9787515360584	39.90
	如何有效激发学生学习兴趣	9787515360577	38.00
	如何解决课堂上最关键的9个问题	9787515360195	49.00
	多元智能教学法：挖掘每一个学生的最大潜能	9787515359885	39.90
★	探究式教学：让学生学会思考的四个步骤	9787515359496	39.00
	课堂提问的技术与艺术	9787515358925	49.00
	如何在课堂上实现卓越的教与学	9787515358321	49.00
	基于学习风格的差异化教学	9787515358437	39.90
★	如何在课堂上提问：好问题胜过好答案	9787515358253	39.00
★	高度参与的课堂：提高学生专注力的沉浸式教学	9787515357522	39.90
	让学习变得有趣	9787515357782	39.00
★	如何利用学校网络进行项目式学习和个性化学习	9787515357591	39.90
	基于问题导向的互动式、启发式与探究式课堂教学法	9787515356792	49.00
	如何在课堂中使用讨论：引导学生讨论式学习的60种课堂活动	9787515357027	38.00
	如何在课堂中使用差异化教学	9787515357010	39.90
★	如何在课堂中培养成长型思维	9787515356754	39.90
	每一位教师都是领导者：重新定义教学领导力	9787515356518	39.90
★	教室里的1-2-3魔法教学：美国广泛使用的从学前到八年级的有效课堂纪律管理	9787515355986	39.90
	如何在课堂中使用布卢姆教育目标分类法	9787515355658	39.00
	如何在课堂上使用学习评估	9787515355597	39.00
	7天建立行之有效的课堂管理系统：以学生为中心的分层式正面管教	9787515355269	29.90
	积极课堂：如何更好地解决课堂纪律与学生的冲突	9787515354590	38.00
	设计智慧课堂：培养学生一生受用的学习习惯与思维方式	9787515352770	39.00
	追求学习结果的88个经典教学设计：轻松打造学生积极参与的互动课堂	9787515353524	39.00
	从备课开始的100个课堂活动设计：创造积极课堂环境和学习乐趣的教师工具包	9787515353432	33.80
	老师怎么教，学生才能记得住	9787515353067	48.00
	多维互动式课堂管理：50个行之有效的方法助你事半功倍	9787515353395	39.80
	智能课堂设计清单：帮助教师建立一套规范程序和做事方法	9787515352985	49.90
	提升学生小组合作学习的56个策略：让学生变得专注、自信、会学习	9787515352954	29.90
	快速处理学生行为问题的52个方法：让学生变得自律、专注、爱学习	9787515352428	39.00
	王牌教学法：罗恩·克拉克学校的创意课堂	9787515352145	39.80
	让学生快速融入课堂的88个趣味游戏：让上课变得新颖、紧凑、有成效	9787515351889	39.00
★	如何调动与激励学生：唤醒每个内在学习者（李希贵校长推荐全校教师研读）	9787515350448	39.80
	合作学习技能35课：培养学生的协作能力和未来竞争力	9787515340524	59.00
	基于课程标准的STEM教学设计：有趣有料有效的STEM跨学科培养教学方案	9787515349879	68.00
	如何设计教学细节：好课堂是设计出来的	9787515349152	39.00
	15秒课堂管理法：让上课变得有料、有趣、有秩序	9787515348490	49.00
	混合式教学：技术工具辅助教学实操手册	9787515347073	39.80
	从备课开始的50个创意教学法	9787515346618	39.00
	中学生实现成绩突破的40个引导方法	9787515345192	33.00
	给小学教师的100个简单的科学实验创意	9787515342481	39.00
	老师如何提问，学生才会思考	9787515341217	49.00
	教师如何提高学生小组合作学习效率	9787515340340	39.00
	卓越教师的200条教学策略	9787515340401	49.90

	书名	书号	定价
	中小学生执行力训练手册：教出高效、专注、有自信的学生	9787515335384	49.90
	从课堂开始的创客教育：培养每一位学生的创造能力	9787515342047	33.00
	提高学生学习专注力的8个方法：打造深度学习课堂	9787515333557	35.00
	改善学生学习态度的58个建议	9787515324067	36.00
★	全脑教学（中国教育新闻网2015年度“影响教师的100本书”）	9787515323169	38.00
★	全脑教学与成长型思维教学：提高学生学习力的92个课堂游戏	9787515349466	39.00
★	哈佛大学教育学院思维训练课：让学生学会思考的20个方法	9787515325101	59.90
	完美结束一堂课的35个好创意	9787515325163	28.00
	如何更好地教学：优秀教师一定要知道的事	9787515324609	49.90
	带着目的教与学	9787515323978	39.90
★	美国中小学生社会技能课程与活动（学前阶段/1-3年级/4-6年级/7-12年级）	9787515322537等	215.70
	彻底走出教学误区：开启轻松智能课堂管理的45个方法	9787515322285	28.00
	破解问题学生的行为密码：如何教好焦虑、逆反、孤僻、暴躁、早熟的学生	9787515322292	36.00
	13个教学难题解决手册	9787515320502	28.00
★	让学生爱上学习的165个课堂游戏	9787515319032	39.00
	美国学生游戏与素质训练手册：培养孩子合作、自尊、沟通、情商的103种教育游戏	9787515325156	49.00
	老师怎么说，学生才会听	9787515312057	39.00
	快乐教学：如何让学生积极与你互动（入选《中国教育报》“影响教师的100本书”）	9787500696087	29.00
★	老师怎么教，学生才会提问	9787515317410	29.00
★	快速改善课堂纪律的75个方法	9787515313665	39.90
★	教学可以很简单：高效能教师轻松教学7法	9787515314457	39.00
★	好老师可以避免的20个课堂错误（入选《中国教育报》“影响教师的100本图书”）	9787500688785	39.90
★	好老师应对课堂挑战的25个方法（《给教师的101条建议》作者新书）	9787500699378	25.00
★	好老师激励后进生的21个课堂技巧	9787515311838	39.80
★	开始和结束一堂课的50个好创意	9787515312071	29.80
	好老师因材施教的12个方法（美国著名教师伊莉莎白“好老师”三部曲）	9787500694847	22.00
★	如何打造高效能课堂	9787500680666	29.00
	合理有据的教师评价：课堂评估衡量学生进步	9787515330815	29.00
	班主任工作/德育		
★	北京四中8班的教育奇迹	9787515321608	36.00
★	师德教育培训手册	9787515326627	29.80
	中小学教师职业道德培训手册：师德的定义、养成与评估	9787515340777	32.00
★	好老师征服后进生的14堂课（美国著名教师伊莉莎白“好老师”三部曲）	9787500693819	39.90
	优秀班主任的50条建议：师德教育感动读本（《中国教育报》专题推荐）	9787515305752	23.00
	学校管理/校长领导力		
★	哈佛大学教育学院学校创新管理课	9787515369389	59.90
	如何构建积极型学校	9787515368818	49.90
	卓越课堂的50个关键问题	9787515366678	39.00
	如何培育卓越教师：给学校管理者的行动清单	9787515357034	39.00
★	学校管理最重要的48件事	9787515361055	39.80
	重新设计学习和教学空间：设计利于活动、游戏、学习、创造的学习环境	9787515360447	49.90
	重新设计一所好学校：简单、合理、多样化地解构和重塑现有学习空间和学校环境	9787515356129	49.00
	让樱花绽放英华	9787515355603	79.00
	学校管理者平衡时间和精力的21个方法	9787515349886	29.90
	校长引导中层和教师思考的50个问题	9787515349176	29.00
	如何定义、评估和改变学校文化	9787515340371	29.80

	书名	书号	定价
	优秀校长一定要做的18件事（入选《中国教育报》“2009年影响教师的100本书”）	9787515342733	39.90
	学科教学/教科研		
	中学古文观止50讲：文言文阅读能力提升之道	9787515366555	59.90
	完美英语备课法：用更短时间和更少材料让学生高度参与的100个课堂游戏	9787515366524	49.00
	人大附中整本书阅读取胜之道：让阅读与作文双赢	9787515364636	59.90
	北京四中语文课：千古文章	9787515360973	59.00
	北京四中语文课：亲近经典	9787515360980	59.00
	从备课开始的56个英语创意教学：快速从小白老师到名师高手	9787515359878	49.90
	美国学生写作技能训练	9787515355979	39.90
	《道德经》妙解、导读与分享（诵读版）	9787515351407	49.00
	京沪穗江浙名校名师联手教你：如何写好中考作文	9787515356570	49.90
	京沪穗江浙名校名师联手授课：如何写好高考作文	9787515356686	49.80
★	人大附中中考作文取胜之道	9787515345567	59.90
★	人大附中高考作文取胜之道	9787515320694	49.90
★	人大附中学生这样学语文：走近经典名著	9787515328959	49.90
	四界语文（入选《中国教育报》2017年度“教师喜爱的100本书”）	9787515348483	49.00
	让小学一年级孩子爱上阅读的40个方法	9787515307589	39.90
	让学生爱上数学的48个游戏	9787515326207	26.00
	轻松100课教会孩子阅读英文	9787515338781	88.00
	情商教育/心理咨询		
	9节课，教你读懂孩子：妙解亲子教育、青春期教育、隔代教育难题	9787515351056	39.80
★	学生版盖洛普优势识别器（独一无二的优势测量工具）	9787515350387	169.00
	与孩子好好说话（获“美国国家育儿出版物（NAPPA）金奖”）	9787515350370	39.80
	中小学心理教师的10项修炼	9787515309347	36.00
★	别和青春期的孩子较劲（增订版）（入选《中国教育报》“2009年影响教师的100本书”）	9787515343075	39.90
★	100条让孩子胜出的社交规则	9787515327648	28.00
	守护孩子安全一定要知道的17个方法	9787515326405	32.00
	幼儿园/学前教育		
	中挪学前教育合作式学习：经验·对话·反思	9787515364858	79.00
	幼小衔接听读能力课	9787515364643	33.00
	用蒙台梭利教育法开启0～6岁男孩潜能	9787515361222	45.00
	德国幼儿的自我表达课：不是孩子爱闹情绪，是她/他想说却不会说！	9787515359458	59.00
	德国幼儿教育成功的秘密：近距离体验德国学前教育理念与幼儿园日常活动安排	9787515359465	49.80
	美国儿童自然拼读启蒙课：至关重要的早期阅读训练系统	9787515351933	49.80
	幼儿园30个大主题活动精选：让工作更轻松的整合技巧	9787515339627	39.80
★	美国幼儿教育活动大百科：3-6岁儿童学习与发展指南用书 科学 / 艺术 / 健康与语言 / 社会	9787515324265等	600.00
	蒙台梭利早期教育法：3-6岁儿童发展指南（理论版）	9787515322544	29.80
	蒙台梭利儿童教育手册：3-6岁儿童发展指南（实践版）	9787515307664	33.00
★	自由地学习：华德福的幼儿园教育	9787515328300	49.90
	赞美你：奥巴马给女儿的信	9787515303222	19.90
	史上最接地气的幼儿书单	9787515329185	39.80
	教育主张/教育视野		
	重新定义学习：如何设计未来学校与引领未来学习	9787515367484	49.90
	教育新思维：帮助孩子达成目标的实战教学法	9787515365848	49.00
	学习是如何发生的：教育心理学中的开创性研究及其实践意义	9787515366531	59.90

	书名	书号	定价
	父母不应该错过的犹太人育儿法	9787515365688	59.00
	如何在线教学：教师在智能教育新形态下的生存与发展	9787515365855	49.00
	正向养育：黑幼龙的慢养哲学	9787515365671	39.90
	颠覆教育的人：蒙台梭利传	9787515365572	59.90
	如何科学地帮助孩子学习：每个父母都应知道的77项教育知识	9787515368092	59.00
	学习的科学：每位教师都应知道的99项教育研究成果（升级版）	9787515368078	59.90
	学习的科学：每位教师都应知道的77项教育研究成果	9787515364094	59.00
	真实性学习：如何设计体验式、情境式、主动式的学习课堂	9787515363769	49.00
	哈佛前1%的秘密（俞敏洪、成甲、姚梅林、张梅玲推荐）	9787515363349	59.90
	基于七个习惯的自我领导力教育设计：让学校育人更有道，让学生自育更有根	9787515362809	69.00
	终身学习：让学生在未来拥有不可替代的决胜力	9787515360560	49.90
	颠覆性思维：为什么我们的阅读方式很重要	9787515360393	39.90
	如何教学生阅读与思考：每位教师都需要的阅读训练手册	9787515359472	39.00
	成长型教师：如何持续提升教师成长力、影响力与教育力	9787515368689	48.00
	教出阅读力	9787515352800	39.90
	为学生赋能：当学生自己掌控学习时，会发生什么	9787515352848	33.00
	如何用设计思维创意教学：风靡全球的创造力培养方法	9787515352367	39.80
	如何发现孩子：实践蒙台梭利解放天性的趣味游戏	9787515325750	32.00
	如何学习：用更短的时间达到更佳效果和更好成绩	9787515349084	49.00
	教师和家长共同培养卓越学生的10个策略	9787515331355	27.00
★	如何阅读：一个已被证实的低投入高回报的学习方法	9787515346847	39.00
★	芬兰教育全球第一的秘密（钻石版）（《中国教育报》等主流媒体专题推荐）	9787515359922	59.00
	世界最好的教育给父母和教师的45堂必修课（《芬兰教育全球第一的秘密》2）	9787515342696	28.00
★	杰出青少年的7个习惯（精英版）	9787515342672	39.00
	杰出青少年的7个习惯（成长版）	9787515335155	29.00
★	杰出青少年的6个决定（领袖版）（全国优秀出版物奖）	9787515342658	49.90
★	7个习惯教出优秀学生（第2版）（全球畅销书《高效能人士的七个习惯》教师版）	9787515342573	39.90
	学习的科学：如何学习得更好更快（入选中国教育网2016年度“影响教师的100本书”）	9787515341767	39.80
	杰出青少年构建内心世界的5个坐标（中国青少年成长公开课）	9787515314952	59.00
★	跳出教育的盒子（第2版）（美国中小学教学经典畅销书）	9787515344676	35.00
	夏烈教授给高中生的19场讲座	9787515318813	29.90
★	学习之道：美国公认经典学习书	9787515342641	39.00
★	翻转学习：如何更好地实践翻转课堂与慕课教学（中国教育新闻网2015年度“影响教师的100本书”）	9787515334837	32.00
★	翻转课堂与慕课教学：一场正在到来的教育变革	9787515328232	26.00
	翻转课堂与混合式教学：互联网+时代，教育变革的最佳解决方案	9787515349022	29.80
	翻转课堂与深度学习：人工智能时代，以学生为中心的智慧教学	9787515351582	29.80
★	奇迹学校：震撼美国教育界的教学传奇（中国教育新闻网2015年度“影响教师的100本书”）	9787515327044	36.00
★	学校是一段旅程：华德福教师1-8年级教学手记	9787515327945	49.00
★	高效能人士的七个习惯（30周年纪念版）（全球畅销书）	9787515360430	79.00